WEALTH

天窗出版

發掘

超強港股

弩飛 著

目錄

第三章　深入分析漲勢

第四章　入場技巧

結語

《太史公自序》:「究天人之際,通古今之變,成一家之言。」

很榮幸能為弩飛撰寫這篇序言。認識弩飛是十多年前的事。當年的他以極其優秀的成績、面試表現,經「優先錄取計劃」加入香港中文大學計量金融學主修課程。從第一次見面起,他的求知欲和正面積極的態度,都令我留下深刻印象。

我相信計量金融學課程令弩飛對金融行業的認識有所提升,而中大商學院的金融交易實驗室所提供的彭博終端、Refinitiv Eikon、模擬交易系統等,也為他對證券投資分析建立良好的基礎。這本書闡述了他這些年來對香港證券市場的精湛看法和研究,極具啟發性,別有一番洞見。在閱讀過程中,讀者當體會證券投資者不僅要掌握複雜的新技術,還要在波動的市場裡深切理解趨勢層面。

現今正是本港金融市場一個關鍵轉折期,正需多方賢達以不同角度論述證券市場。祝賀弩飛新書的誕生,並在此誠意向金融界人士及投資者推薦此書。

周應峯
香港中文大學金融學系副教授
計量金融學主修課程主任

最初我與弩飛兄結緣也是通過個人「臉書」平台，當每次有人留言回應弩飛兄的文章皆是真知灼見，我自然會好奇地到對方「地盤」一窺端倪。閱畢後感覺此君與我應年紀相當，但其字裡行間展現了豐富的投資智慧和熱情，自此我便成為他的讀者之一。

及後，我倆因緣際會下認識對方，更感相逢恨晚。弩飛兄原來也是「行家」，但是多年前已選擇轉為管理私人資金，至今成績斐然。

我倆的投資風格不盡相同，但是投資市場從來博大精深，各門各派也有高手；弩飛兄是市場中少有專業地運用數據分析，同時善於結合公司基本面和技術面分析之專業投資者。

一本好書就如一盞明燈，能夠指引著我們向正確的方向邁進，而你正在翻閱的就是這樣的一本好書。

祝一紙風行！

洪龍荃（Larry）
中原資產管理投資總監
博立聯合創辦人

先感謝弩飛邀請為其新作寫序！我與弩飛於香港中文大學舉辦的一個計量金融研討會上相識。當時在場的人士都極有份量——不是國際級教授，就是業界中的精英。最有印象的一幕是，我與弩飛甫見面就談得特別投契，引來不少在場人士的目光。會後，我便開始留意其Facebook Page，發現弩飛分析與眾不同，見解獨到。

投資初哥瀏覽Facebook時，於眾多財經KOL中，也許不懂分辨哪些是真材實料，哪些是江湖郎中。在此分享一些簡單的判斷方法。

投資市場充滿數字，除了涉及金融知識外，絕對是門精密的統計學。沒有數據支撐、沒有回測、沒有理據的分析，根本不值得再看。相反，弩飛的分析非但精闢，每個論點更有大量數據支持。再者，弩飛一直管理私人資金，實力毋容置疑。

讀者手中的這本著作，著墨探討一本坊間暢銷書《超級績效》中的策略，取材極佳。不過談到《超級績效》，我有點感到不是味兒。因為較早前小弟的新作《程式交易快穩準》曾打入誠品暢銷書榜，卻敗給《超級績效》、《超級績效2》及《超級績效3》，一直屈居第四。眼見這書如此好賣，當然要一讀，卻發現全部討論只圍繞外國股票，更沒有數據支持，只以大量圖表及走勢圖堆砌而成。本來充滿期待，閱畢卻令我心理更加不平衡。

幸好有弩飛這新作替我平反！作者把VCP策略系統化、數據化，更應用在港股身上！

讀者只需付出$228，便能獲取弩飛花費大量時間、精神編寫的心血之作，絕對物超所值。只有寫過書，才會明白作者的辛酸，尤其是信奉量化分析的分析員／交易員。

最後，老套地祝此書一紙風行！

蔡嘉民（Calvin）
對沖基金組合經理
香港程式交易研究中心聯合創辦人

取各家之長
修煉獨門投資風格

筆者在大學時修讀計量金融學系，當中包含金融、經濟、統計學、數學的訓練。我在頭一年對金融的基礎理論非常感興趣，當時我期望書本的理論可以讓我獲得賺錢的知識，但很快便發現大部份理論的基礎是有效市場假說（Efficient Market Hypothesis），這個假說假設了一個有效的市場，價格已經反映所有市面上的信息，而且參與者都是理性的，因此認為投資者透過股票分析是不能跑贏大市的，雖然這和真正的市場有出入，但也為日後理解市場規律提供了扎實的基礎。之後有機會到哈佛大學交流，修讀了行為金融學，當中以人性和心理學去解釋很多在實際操作上見到的異常情況和人們不理性的操作，才了解到金融學不像自然科學，不能在實驗室裏閉門造車，需要透過在市場實戰才能找到當中的規律。

因為喜歡做研究的緣故，畢業後我到銀行做分析員，除了寫報告，建立模型和拜訪公司以外，也慶幸有機會參與收購合併的交易、和私募基金交流等。雖然銀行提供了筆者很多學習的機會，但是也有相應的限制：分析員不可以交易團隊所研究的股票，每次交易前必須跟銀行申報，而且每位分析員覆蓋的行業範圍比較窄，因為相比起闊度，銀行更着重我們研究的深度，日後成為該行業的專家。

自序

筆者明白要改善自己的投資能力，必須經過實戰。我知道很多投資成功的前輩初期都曾經歷過重大損失，但我不希望會有同樣遭遇。剛開始投資的我並不急於賺錢，而是希望盡快理解現實的股票市場和書本理論的差異。還記得第一年全職交易的時候，我花了很多時間去閱讀投行報告、財務報表、不同投資派別的書籍，卻只是做了少量試水溫的交易。因為我明白在市場面對的對手很強大，若果沒有打好基本功、未看清楚風險，買賣股票其實是沒有勝算的賭博而已。我相信只要掌握到正確的投資方法，是不需要透過輸得很慘的經歷來認識到風險。慶幸筆者在第一年已經獲得正回報，首三年回報跑贏恒指60%，在2018年的跌市只損失了4%，而在2020年經過三月的跌市還可以保持正回報，也在2021年抱團新經濟後轉換到舊經濟，避開劇烈的調整，總算實現了筆者資產增值、不要輸大錢的目標。

我一直都堅守着「只進不退」的原則，對生活和投資態度也是如此。我寧可自己的資產慢慢穩步增長，而不是急速上升，卻伴隨着大幅虧蝕的可能。這是因為參考了很多前人的例子，他們大多在開頭的時候急於進攻，在順境的時候往往忽略短期的逆境可以造成多大的創傷。所以我認為，先管理好風險，讓自己在任何市況都處於不敗之地，才能安心增大曝險程度。

在起初研究的百多隻股票，約四十多個行業，我都是找了投行所覆蓋的公司。當時最感興趣的是研究他們的估值模型，尋找不同投行和各公司之間的分別，幸好有金融背景和在銀行工作的經驗，理解方面沒有太吃力，但亦都看清大學甚至特許金融分析師（CFA）的課程，在專業機構投資者的估值方法面前，還是有一段差距的。這些研究亦為我在替中小型、沒有太多著名投行覆蓋的公司做估值定下了基礎。

筆者也有研究不同派別的投資方法：從基本的巴菲特、索羅斯、彼得‧林奇（Peter Lynch）、安德烈‧科斯托蘭尼（Andre Kostolany）、傑西‧李佛摩（Jesse Livermore）開始，到現時本地及境外的著名基金經理例如馬克‧米奈爾維尼（Mark Minervini），也略有研究。結論是每一個派別都各有利弊，不同的市場環境適合不同的方法，就如同人的性格一樣，沒有哪一種性格是絕對優勝的。如果你參考每年投資最成功的交易員，會發現其實跟市場狀況和投資風格很有關係，所以這一年的投資冠軍，並不能確保下一年的勝利，這和我「只進不退」的原則有點出入。對於我來說，一次性的大勝並不是終極目標，因為若果視投資為終身職業，持續性的盈利和不被市場淘汰是我更關心的地方。

自序

從過去數年的投資生涯裏發現，每位投資者也是獨立的個體，應該有一套最適合自己的投資方法。在尋找該投資方法時，當然可以先參考其他人的投資方法，加以理解而運用，但你會漸漸發現沒有一套「別人的投資方法」是完全適合自己的，這是因為每位投資者的背景不盡相同。舉個例，投資者的年齡和投資的資金會直接影響選擇的股票，但年紀大或資金多不一定要選擇保守的股票，而是在同樣的增長型行業中，他們投資流動性較低和回撤較高的股票的值搏率比較低。同樣的，性格不同的投資者應揚長避短，保守的投資者應該尋找增大回報的方法，而進取投資者需要特別留意進攻時的防範風險。

所以大眾投資者不用刻意追上機構投資者的步伐，因為大家擁有的人力、資源、資訊速度、研究時間的相距甚大，在自己沒有優勢的項目上比併是徒勞無功的。大眾投資者應該善用自己的優勢，例如運用資金的靈活性，單一股票的集中度等，在達至可控的風險內提升整體回報率。

我也是隨着時間慢慢調整自己的投資風格，在剛開始的時候，我是差不多完全使用基本分析作投資，不但看市場結構和公司的生意模式，更會把自己想像成為公司提供策略的商業顧問，從而判斷公司的去向。著名管理學家大前研一的著作讓我認識了商業顧問如何為公司制訂策略，當中的《企業參謀》、

《思考的技術》、《問題解決力》對我在這方面的思考奠下了基礎。但後來發現，即使判斷正確，付出的努力和回報不成正比。讓我簡單點來說明：若果在同樣的時間付出同樣的努力，可以選擇兩個非常確定的或是五個較確定的投資機會，哪個較為可取？除非你是企業管理者或是私募基金，需要對手頭上的項目全程投入，才會選擇前者，否則對大部份的投資者來說都是後者比較可取。

因此，我學會了平衡不同派別的優劣，更發現他們也有互補的作用。以基本分析和技術分析為例，我曾經見到很多大眾投資者互相辯論，彼此也在賣力守護自己的「門派」，但其實他們並不是對立的。基本分析能夠在技術分析中的關鍵位，提供額外的分析，從而預先判斷或解釋股票突破的方向。而有些時候，技術分析能夠揭露一些基本分析的高手思考的痕跡。在不少轉機股和周期股的趨勢轉變時，市面上的正面資訊是非常有限的，但隨着越來越多基本面的高手投入注碼，在股價的軌跡上可以看到他們投資的痕跡。

弩飛

第

一

章

適合港股
的策略

了解港股趨勢

在投資香港的股票市場之前,我們應該先認識香港市場在過去的變化,了解當中資金的流動和喜好,從而判斷該市場未來的去向。正所謂「站在風口上,豬都可以飛起來」,在眾多的投資方法中,我們應該順着時代的洪流,尋找一套適合現時和未來市場環境的投資方法。

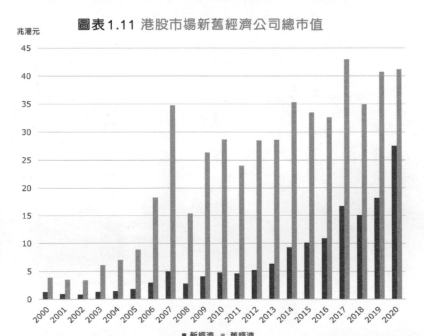

圖表1.11 港股市場新舊經濟公司總市值

兆港元

■ 新經濟　■ 舊經濟

新經濟市值持續增長

近來市場把不同的股票分為新經濟和舊經濟:舊經濟主要是工業大革命後所發展出來的產業,大部份都是重資產,而行業處於低增長的成熟期,例如能源、原材料、房地產;而新經濟則是指利用較多新科技和創新方法的行業,資產比率相對較輕,而行業普遍有較高的增長,例如科技、醫療、消費。其中有一些特殊例子,例如眾安在線(6060),雖然它是做舊經濟的保險業務,但由於它使用了大量科技,所以我也將它歸類為新經濟。筆者翻查了過往20年的數據,參考了恒生指數公司將新舊公司歸類的方法,將所有在香港上市公司的市值在分類後加以整合進行分析,得出以下的觀察:

新經濟的公司數量比例從20年前一直處於三成以下,沒有太大的變化,當中新經濟只有輕微的升幅,皆因新上市的新經濟佔比也是大約三成左右,加上一部份舊經濟退市的緣故。但若果用市值去看,情況截然不同,20年前新經濟的市值只佔了總市值的20%,但現在的佔比已經大幅增加至40%。從圖表1.11可見,舊經濟主要的增長發生在2007年之前,其後只是橫行發展上下浮沉,而新經濟則是以每年平均16%持續增長至今。值得留意的是,新經濟市值的增加,並不是主要因為新經濟公司上市那一瞬間所構成的一次性增幅,而是主要透過這些公司在上市後的估值提升所帶來的。

圖表1.12 在港上市的香港公司市值不斷萎縮

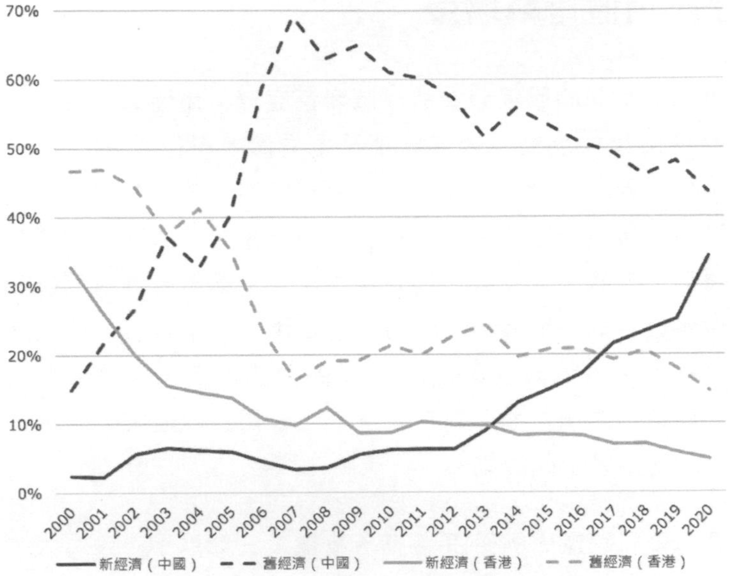

圖例：—— 新經濟（中國）　---- 舊經濟（中國）　—— 新經濟（香港）　---- 舊經濟（香港）

香港市場十年新舊經濟變化

隨着中國的經濟發展處於不同的階段，來港上市的公司和市場感興趣的
行業也在不停轉變。從圖表1.12可見，在2000年之前，香港公司佔了
本地股票市場80%以上的市值，但隨着國企改革深化，最優質且大型
的央企、國企和民企都相繼來港上市，導致香港公司的市值佔比不斷萎
縮。特別在2005年至2010年期間，內地的大型銀行、能源公司、內房
等舊經濟公司製造了大量的集資額，加上當時中國經濟起飛，不難在舊
經濟行業中找到倍升股，讓內地企業在香港股票市場的佔比從2000年
的20%大幅增加至現時的70%。

圖表 1.13 各行業在香港股市佔比

- - - 可選擇消費品　　　　- - - 能源　　　　- · - · 必須消費品(右軸)
——— 醫療保健(右軸)　　　- - - 資訊科技(右軸)　　　- - - 原料(右軸)

但隨着大部份優質的舊經濟公司已經在香港上市，整個市場的增長好像
有點後勁不繼，內地的舊經濟公司在達到70%佔比後開始萎縮。幸好國
內的人均收入在不停的增長下，讓新經濟行業開始有發展的空間，慢慢
取代舊經濟的重要性。可惜當時的新經濟還只是一些比較落後的科技，
而且港交所當時的上市規則比較嚴謹，不允許「同股不同權」的企業上
市，導致可投資的新經濟公司非常有限。還記得2015年，當我在研究
新經濟行業的時候，希望找到中國境內最有前景的公司，而長城汽車
（2333）、四環醫藥（0460）和北控水務（0371）當時已經佔了我整個組
合的一大部份，但我很清楚這些新經濟公司的競爭力和環球的對手還有
一段距離。望着不少有實力的中概股到美國上市，感到中國快速發展的

互聯網紅利期擦身而過，的確有點感慨。

2018年是一個關鍵的轉捩點，讓在香港市場投資新經濟的吸引力大幅增加，當中可選擇消費品、資訊科技和醫療保健的佔比增加了不少。首先，港交所在4月30日在李小加的帶領下改革了上市制度，在《主板上市規則》裏加了三個章節，准許「未有收入的生物科技公司」和「不同投票權架構」的新經濟公司來港上市；第二，內地某些行業的科技水平開始和國際接軌，當時看了投行的研究報告，比較了不同行業的情況，發現白色家電、5G科技、大數據應用甚至領先全球；第三，特朗普掀起

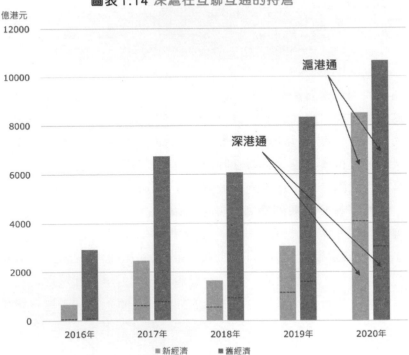

圖表1.14 深滬在互聯互通的持倉

貿易戰下，讓之前在美國上市的中概股，找到回港第二次上市的誘因，導致值得投資的新經濟港股數量增加不少。

觀察北水喜好以判斷趨勢

此外，自從滬港通和深港通分別在2014年和2016年開通後，北水在香港市場的影響力持續提升，因此觀察北水的喜好對判斷市場趨勢是有幫助的，尤其是他們的投資模式和香港或海外的投資者稍有不同：內地投資者偏好動量交易（Momentum Strategy），較會順着短期趨勢買入賣出，而且估值的方法和海外有不同之處。筆者從港交所抽取互聯互通的數據進行研究，分析上海和深圳的投資者持有香港上市的股票的倉位變化。從圖表1.14可見，從2016年開始，上海和深圳投資者分別每年以2:8和4:6的新舊經濟比例，持續增加香港上市的股票。但他們同時在2020年大幅增加了新經濟公司的持股，當中依次為通訊服務（+211%）、必需消費品（+202%）、可選擇消費品（+193%）、資訊科技（+165%）和醫療保健（+117%）。

總括而言，內地的新經濟股已經成為了帶領香港股票市場的新動力，取替了香港公司和內地的舊經濟公司。雖然市場的主題會在新舊經濟之間浮動，但隨着環球和中國的科技發展，相信未來一段時間將由更多新行業的公司加入新經濟的行列。

尋找新的投資方法

隨着經濟情況和市場環境的轉變，所選擇的股票和投資方法也不停在轉。從上一輩「月供滙豐和長實可以致富」，到後來「乘着中國的改革紅利」，再到現時「新經濟的爆發期」，若果繼續使用舊有的投資方法和選擇上一個周期的股票，則會有逆水行舟、不進則退的情況。

兩大投資門派

若要將不同派別的投資方法進行分類，可以粗略地分為價值投資法（Value Investing）和增長投資法（Growth Investing）。由於理念上的不同，他們在基本分析和技術面的使用方法有不同之處：

價值投資法專門尋找價值被低估的股票，而當中假設了一間公司的估值長期將回歸到應有的價格。所以在基本面，會選擇一些財務相對穩健的公司，確保他們有持續獲利的能力。因此在市場悲觀的時候，投資者也

會有信心人棄我取，在低位時積極買進。但是要小心不要墮入價值陷阱（Value Trap），低估值的股票有可能是基本面真的有問題，而非短期的悲觀情況。

增長投資法則認為「強者越強」，尋找有高度成長潛力的公司和行業，順勢而行直到失去成長動能。在基本面方面，會特別注重盈利和銷售的增長、毛利率的擴張。雖然公司的估值通常處於昂貴水平，但投資者相信只要增長持續，時間是站在他們的一方，能從中享受成長的獲利。要留意的是需要篩選出真正能提供高增長的公司，而非透過財務方法獲得短期的盈利爆發，因為若果個股有壞因素或未能預期般成長，調整將會是非常急促的。

雖然方法不同，但他們其實是沒有衝突的，筆者也是經常遊走在兩者之間，尋找低風險高回報的投資機會。其實，兩者更能融合起來，成為GARP策略（Growth at Reasonable Price），就是用合理的價格去買成長股，著名基金經理彼得‧林奇（Peter Lynch）正是用這個方法在13年間獲得29%的平均收益率。

投資港股 增長投資法較可取

在衡量各方的因素後，筆者認為對於大眾的投資者來說，若果選擇在香港的市場投資，增長投資法應該是較為可取的：

1）機構投資者佔大比重

根據港交所在《現貨市場交易研究調查》的研究顯示，本地大眾投資者的佔比只是13.6%，相對其他主要股票市場來説是相對偏少，而本地和國內機構投資者分別佔了16.8%和36.6%。當一個市場的機構投資者佔比較多，參與的投資者都是比較理性和具分析力，所以因短期市場情緒而導致股價偏離合理價的機會率和幅度會相對偏細。因此，大眾投資者在相對擁有較少資訊的情況下，希望透過價值投資的方法去尋找錯價的機會較困難。

2）大眾投資者轉身快

著名拳擊手弗洛伊德‧梅威瑟曾提到他很相信 "Hit and Don't Get Hit" 的打法，除了增加擊中的數量，更重要是減少被打中的次數。投資的情況也是類似，除了順風的時候增加勝率，在出事的時候能抽身離去也是關鍵。由於大眾投資者的交易方法是相對較少限制，他們可以隨時在不影響價格的情況下輕易買入賣出，因此轉身比機構投資者快。而這種情況是對增長投資法較為有利，因為投資增長型公司的主要風險，是隨時出現的負面因素或情緒對股價造成急劇的下滑。所以在同樣的回報率下，大眾投資者擁有更多應對風險的彈性，讓這種投資法的吸引性提升。

3）新經濟股票是大趨勢

正如上一節提到內地的新經濟股已經成為了帶領香港股票市場的新動力，而增長投資法在篩選股票、分析股票、尋找入市位的方法正正是非常適合新經濟股。特別在2020年，整個香港市場多了不少有高度成長潛力的公司和行業，每隔一段時間便有值得投資者廢寢忘餐地研究的公司新上市或從美國回來第二次上市。值得留意的是，雖然價值投資和增長投資在年中各有表現的機會，筆者認為執行增長投資法是相對輕鬆的。雖然我透過價值投資法也獲利不少，但當中對時間性的掌握和選擇行業的精準度的要求更高。

1.3 SEPA® 增長投資法

前文提到，筆者認為在香港市場比較適合用增長投資法，而在增長投資法方面，市面上有很多不同的實踐方法，而筆者認為馬克‧米奈爾維尼（Mark Minervini）在《超級績效》（*Trade Like a Stock Market Wizard: How to Achieve Super Performance in Stocks in Any Market*）一書中的「特定進場點分析」（Specific Entry Point Analysis，簡稱SEPA®）提供了一套全面的框架，作為研究增長投資法能否在香港市場應用的基礎：

1）技術面的篩選：由於大部份增長股在急劇上升前，都處於明確的上升趨勢，所以在篩選當中使用了「趨勢樣板」（Trend Template Criteria），一張有八項條件的清單，以技術面的角度作出第一層的選擇，在本書的第二章的前半部分將會介紹趨勢樣板和相對強度評級的計算方法和在香港市場回測的結果。

2）基本面的篩選：作者認為增長股的驅動力量主要來自盈餘、收益、毛利的改善，因此在使用濾網篩選基本面的數據時，也特別強調公司增

長能力的強度，而本書在第二章後半部分析了增長類別的基本面指標在香港市場的回測結果。

3）更深入的分析：篩選過後需要對公司擁有更深入的理解，定下整套的投資邏輯。當中透過和過去的成功例子做對比，理解背後的催化事件，了解其產業和市場地位等。本書的第三章透過催化劑、行業分析和估值方法，從三個不同的範疇對篩選過後的公司進行更深入的分析。

4）入場的技巧：目標是尋找高賠率的低風險買入點，透過觀察股價形態、成交量的活動、與大盤之間的關係，達致買入後盡快進入獲利狀

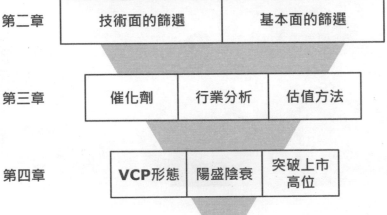

圖表1.31 本書在 SEPA® 框架下的結構

所有香港上市的股票

| 第二章 | 技術面的篩選 | 基本面的篩選 |

| 第三章 | 催化劑 | 行業分析 | 估值方法 |

| 第四章 | VCP形態 | 陽盛陰衰 | 突破上市高位 |

值得投資的港股

態。本書的第四章介紹了如何透過觀察價格波動收縮形態（Volatility Contraction Pattern，簡稱VCP）形態，和計算陽盛陰衰指數尋找中線和短線的入市方法，更在新上市公司突破高位時尋找買入點。

筆者在參考 SEPA® 的框架時，提出了很多對於這個框架在香港股票市場實用性的疑問，因此做了大量的研究和回測，把當中不同的項目作出調整甚至取捨。我希望透過這本書，分享給讀者當中曾經思考的過程和研究結果，相信能為大家提供有價值的知識和見解。

增長股和價值股的分類法

一隻股票是增長股還是價值股,其實並不是只有黑白兩極的分類方法,當中是涉及了一個相對的概念,也有共存的情況。從定義的角度來看,增長股是指一些業務增長的速度比整體市場快的股票,而價值股是指那些與利潤和資產比較下,價值被低估了的股票。

一隻股票可以是增長股 也可以是價值股

「相對」的概念指,無論是增長股還是價值股,也要跟整個市場作對比。舉個例,一間公司的增長率為12%,對於增長率平均為8%的市場,它算是增長股,但對於15%增長率的市場卻不算。價值股也是同樣情況,市帳率為0.8倍的公司,在市帳率1.0倍的市場算是有價值,卻在0.6倍不顯得耀眼。

「共存」是因為量度增長和價值的方法是兩個不同的維度，因此兩者是能夠同時存在的。例如，若果有一間公司的增長率是高於市場平均，但它的估值是低於市場平均，那麼它便是一隻同時兼具增長和價值特性的股票。雖然通常高增長公司的估值偏高，而低估值的增長都偏低，但還是有不少公司是處於兩者共存的狀態。

為了對增長股和價值股做進一步研究，例如為它們建立相應的指數，或分析它們在不同市況的特性，因此有必要為每一隻在香港上市的股票作客觀的歸類。筆者參考了 MSCI（摩根士丹利國際資本指數）如何將一隻

股票分類為增長股或是價值股的方法，製作了圖表 1.41，MSCI 在過去 40 年為環球的金融市場建立了不少基準指數，所以它的計算方法應該是客觀和有意義的。

圖表 1.41 MSCI 增長股及價值股分類圖

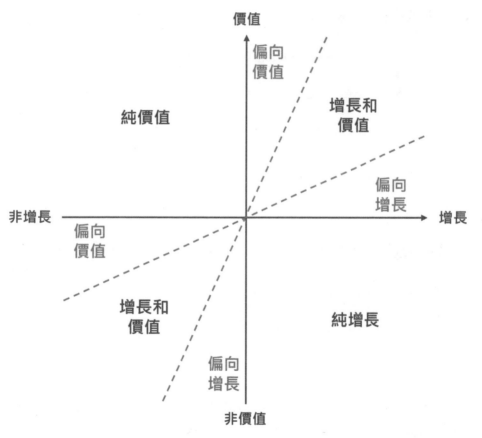

MSCI的計算方法

簡單來説，MSCI把每一隻股票分拆為增長和價值的維度，而透過不同參數計算兩個維度跟大市平均相比的相對數值。

界定增長股有五個參數：

1）長期預期每股收益增長率（Long Term Forward EPS Growth Rate）

2）短期預期每股收益增長率（Short Term Forward EPS Growth Rate）

3）內含增長率（Internal Growth Rate）

4）長期過去每股收益增長趨勢（Long Term Historical EPS Growth Trend）

5）長期過去每股銷售增長趨勢（Long Term Historical SPS Growth Trend）

界定價值股有三個參數：

1）市帳率（Price to Book Ratio）

2）預期市盈率（Forward Price to Earnings Ratio）

3）股息率（Dividend Yield）

從以上的參數可以見到，**定義增長股的關鍵是各方面的增長率，而價值股則是比較不同財務數據與股價之間的關係。**值得留意的是，MSCI對長期預期每股收益增長率給了雙倍的比重，因為它認為這個參數最能有系統地和增長的定義產生關聯性。

計算的過程比較複雜，涉及大量統計學的元素在內，當中主要的部份是為每一隻股票的增長維度和價值維度找尋Z-Score（標準分數，統計學上的一個數字標記，用以表達數據與整體平均數的距離）。所以，一隻股票的增長Z-Score大於零，表示它在增長方面的參數高於市場平均，擁有增長股的特性。同樣的，當一隻股票的價值Z-Score大於零，表示它在價值方面的參數高於市場平均，擁有價值股的特性。

最後，我們可以把每一隻股票進行分類，根據Z-Score結果放到不同的象限（Quadrant）之中。圖表1.42的左上角和右下角分別是純價值股和純增長股的象限，右上角是同時擁有價值和增長特性的象限，而左下角則是兩種特性也沒有的象限。雖然右上角和左下角之中的股票特性沒有這麼明顯，但是也有偏向某一種特性，用家可以把股票分拆，例如將1/3比重放入增長的投資組合，2/3比重放入價值的投資組合。

圖表1.42 香港股票分布

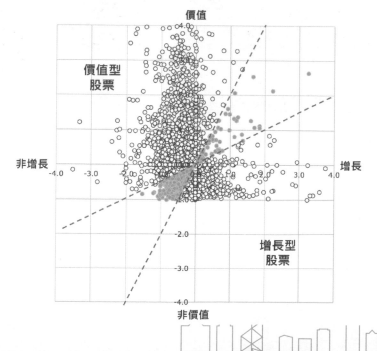

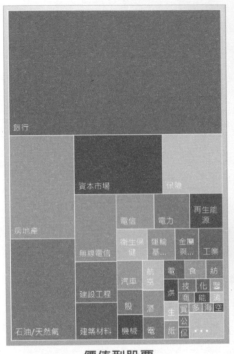

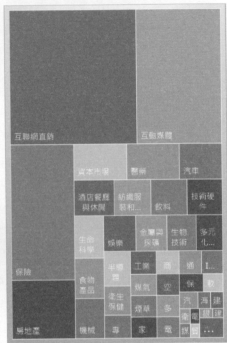

價值型股票　　　　　　　　　　增長型股票

保險地產 同時屬價值型和增長型

透過以上的方法分類後，讓我們先看香港股票市場行業分布的結果。從圖表1.43可見，跟預期相似，增長股包含了資訊科技、互動媒體、醫療，而價值股包含了金融、能源、建築。但預期以外的是保險和房地產的分類，它們在兩邊都有頗大的比重。

仔細研究後發現，雖然一般認為保險行業是價值股，但龍頭的公司例如平安保險（2318）、友邦保險（1299），他們在行業規模和市佔率同時增長的情況下，獲得高於市場平均的增長率，而其估值也遠遠拋離同行業二三線的公司，長期處於平均估值以上的狀態。

房地產也有類似的情況，不同時期也有規模大幅增長的公司。從2017年開始的「顛覆者三兄弟」融創（1918）、恒大（3333）、碧桂園（2007），到2018年的新城、奧園（3883）、時代（1233），再到2019年的「大灣區／長三角概念」世茂（0813）、合景泰富（1813）、龍光

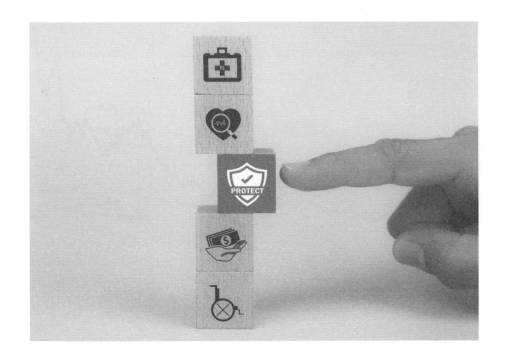

（3380）。但大部分的房地產公司，在高負債的情況下，估值偏低卻派出大量股息。特別是香港房地產，相比起增長，他們更着重穩定性和持續性。

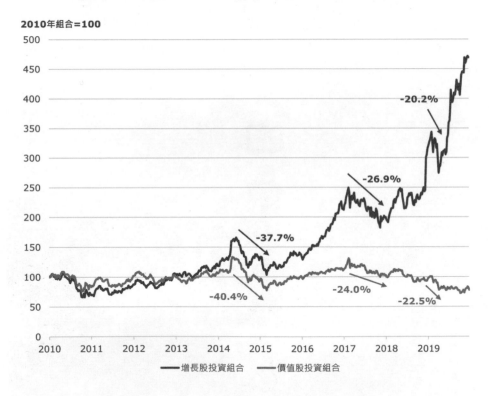

圖表 1.44 香港增長型 / 價值型股票的投資組合回報

2010年組合＝100

-20.2%
-26.9%
-37.7%
-40.4%
-24.0%
-22.5%

——增長股投資組合　——價值股投資組合

價值股組合回報 長期遜增長股

為了比較增長股和價值股的走勢，我透過市值加權的方法製造了兩個投資組合。市值加權的意思是投資組合裏的股票比重不是平均分布的，而是市值較高的股票在投資組合裏會有較高的比重。建立投資組合時，我把一部份右上角和左下角象限的股票放進它們偏向的投資組合裏，以達到更全面的計算。

簡單來看，增長股長期以來的升幅比價值股優勝，圖表1.44中兩個投資組合在2011年初同樣以100為基數，過了十年到2020年底時，增長股的投資組合已經達到469，而價值股的投資仍然停留在78的位置。很多人認為價值股的防守力比較高，所以可以安心持有。從波動性的角度來看，價值股中短期波動性的確比增長股低，所以當大市氣氛轉差，資金逃離整個股票市場（Risk Off）的時候，價值股的跌幅的確比增長股低。

但若果拉長來看，在過往10年發生了三次幅度較大的調整，分別發生在2015年、2018年和2020年的上半年。而當中每次增長股和價值股的調整幅度其實差不多，相距都在3%以內。其中一個容易產生的錯覺是低位的股票不會比高位的跌得多，但其實以百分比來看並不是如此。試想想，當一隻股票升了30%，調整10%只是抹去盈利的三分之一；但若果另一隻股票只升了3%，輕輕1%的調整已經抹去盈利的三分之一。所以價值股的投資組合雖然波動性和回撤幅度相對較低，但跟整體的回報率相比後，其吸引程度遠遜於增長股的投資組合。

1.5

尋找港股中的「超級漲勢」

定義：連續幾個月10%或以上的回報

為了研究各項條件在香港市場的影響，有必要先為香港股票的「超級漲勢」下一個定義：連續幾個月達到10%或以上的回報，而回調幅度不可大於上個月的升幅。我以這個定義為基礎的原因是，當我翻查過往印象中擁有超級漲勢的投資項目時，發現大部份的股票都有兩個重要的特性──持續性和股價急升。

持續性：四個月內有三個月上升

獲得單月升幅的情況比比皆是，但持續的升幅卻是難得的地方。它的重要性在於當我們在篩選後發現這個合適的投資機會時，需要有足夠的時間去部署買入和賣出。我原本把持續的時間定為三個月或以上，但因為

當中很多時候都有一個月的調整，變相把很多獨立的單月升幅也包括在內（第一個月升、第二個月跌、第三個月升），這並不是我期望的結果。但以四個月為基礎，至少可以確保四個月內有三個月的升幅，算是比較持續。

股價須急升　增防守力

股價急升也是同樣重要。首先急升可以讓倉位盡快處於盈利的狀態，讓投資的防守力加強。此外足夠的升幅讓投資者有轉身的空間，而且根據普遍5%至8%的硬性止蝕位，會有更好的賠率。我把每月的升幅定為10%，是因為這是香港市場2,500隻股票在過往10年的一個標準差，而實證研究指出發生「每月升幅大於10%」的機會率都穩定在15%。

那麼，這些「超級漲勢」出現的機會率高嗎？它的甜蜜點（Sweet Spot）在哪裏？筆者統計了過往十年所有香港上市公司每個月的回報率，得出以下結論：

1）**單從整體回報方面來看，香港市場並不完全是「高風險高回報」。**我把所有公司按市值由大至小排列，當市值越低時，以標準差計算的風險越高，但回報的平均數和中位數卻是不斷下滑，獲得正回報的月份也是不停向下。唯獨是最高回報的中位數，市值越細的公司在單月向上的爆發力越強。簡單來説，當你希望透過增加風險換取回報時，所換取的並不是持續的高回報，而是一次性的高回報。

2）當我把連貫性的元素和10%的最少升幅放入考慮，連續獲得10%回報以上的月份數量越多，符合資格的公司佔比越小，但在同一個月份裏，發現這些**「超級漲勢」較常出現在市值位於首300至500的公司。**相信是因為大市值的公司由於基數效應（Base Effect），所以較難出現高回報；而細市值的公司，由於業務尚未成熟，所以難以出現持續性。

因此，持續性的高回報最大機會出現在兩者之間。此外，雖然在市值越細公司發現「超級漲勢」的機會率較低，但若果真的找到了，它的回報是相對較高的。

3）「超級漲勢」出現的機會率看似不高，連續四個月高於10%回報的只有4%，但還是值得研究的。 4%這個數字可以看成每十隻股票當中，便平均有一隻在一年中的五個月發生「超級漲勢」的情況（1/10 x 5/12 = 4%左右），所以當你覆蓋的股票達到二三百隻，每年還是有二三十個機會。此外，英語有一句諺語 'Shoot for the moon. Even if you miss, you'll land among the stars.'（訂下如奔向月亮的遠大志向，縱使不能到達，也會躋身於繁星之中），雖然「超級漲勢」是終極目標，但在尋找過程中也很大機會發現不錯的投資機會，例如連續四個月高於8%回報或連續三個月高於12%回報。

第

章

篩選股票
的方法

第一步：選擇篩選器

顧名思義，篩選器的用途是透過用家所定下的條件篩選出符合條件的股票，它可以幫我們從茫茫大海的股票宇宙中，篩走不適合我們投資風格的股票。要留意的是，篩走不適合的和選擇適合的股票兩者之間還有一大段距離，篩選器只是整個投資過程的第一步。

選股指標不宜過鬆或過緊

在訂立篩選的條件時，不能太狹窄，也不能太寬鬆。若果篩選的條件太狹窄，雖然得出的結果數量有限，但會有過度擬合（Overfitting）的問題，而且會有一大部份適合投資的股票被篩除；但篩選的條件太寬鬆，則不能移除足夠的股票數量，導致在下一階段需要分析的數量過多，付出的努力（研究合資格股票的時間和精力）和收穫（打算投入資金的項目）不成正比。

對於篩選的結果，不要認為只要找到最佳的條件和參數，便會得出一個完美投資機會的列表。其實無論如何優化篩選的條件和參數，也一定有漏網之魚（該選擇的沒有包含在內，不該選擇的卻包含在內），問題只是多與少的分別。所以，如果可以像二八定律，以兩成的精力獲取八成的投資機會，已經非常足夠。

使用篩選器的建議

1）**篩選的條件不宜太嚴格，很有可能會移除了一部份適合投資的股票。**
以兩個學生的讀書成績為例，A學生有九科甲級加一科不合格，而B學生則每一科也是剛剛合格，如果篩選條件是「每一科必須合格」，那麼A

學生便會被篩走而剩下Ｂ學生，但很明顯Ａ學生整體的評分是比Ｂ學生優勝，所以改為更有彈性的篩選條件，如「一半科目需要在乙級以上」，這樣選取結果的質素不但會提高（乙級高於合格），而且讓優質的學生有失手的空間（一兩科失手不應蓋過整體表現），因此篩選的效果會更佳。

2)**篩選器的下一步是分類別排序。** 當篩選器的條件由寬鬆增加至最佳水平時，所篩走的壞公司一定比好公司多，但當篩選器的條件由最佳水平推向狹窄的時候，所篩走的好公司按比例將越來越多。因此不能把篩選器的條件無限收緊，而是在到達最佳水平後把不同條件進行排序。再以學生的讀書成績為例，透過「一半科目需要在乙級以上」達到篩選的最佳水平後，下一步可以是「由大至細排列甲級科目的數量」。讀者可能會問為甚麼不一開始進行排序，原因是為了防止極端例子：一個一科甲級但其他科都不合格的學生，會排在一個全科乙級的學生的前面。

3)**優化排序的方法是權重。** 透過經驗或回測的方法，會發現某幾個條件對尋找自己心目中的投資機會較為有效。再以學生的讀書成績為例，若果目標是尋找最適合讀理科的同學，在排行時對數學、科學類別的科目的權重會較高，所以若果有兩位同學的甲級科目相等，在數學和科學獲得甲級的同學會排在中文和英文獲得甲級的同學的前面。要留意的是，這個排序是以適合讀理科為前提，如果目標是尋找適合讀文科的同學，那麼中文和英文的權重應該更高，而排序將會改變。

如何選擇合適的技術指標？

對於初學者來說，技術分析的指標種類多不勝數，每個指標也有其獨特的計算方法和特性，讓人花多眼亂，不知道如何選擇。我在大學修讀技術分析的時候，每位同學都要交一份透過回測為不同的指標尋找最佳參數的報告。但我發現無論結果的有效性有多高，回測所得的參數對未來的判斷還是有限度的，主要是因為市場的情況不停在轉變，所以適合過往一年的參數不等如適合下一年。後來有人提議一次過使用大量指標，放進不同的股票做回測，看看哪一隻股票獲得最多買入信號。但是，最後得出的結果也是沒有代表性的，因為很難出現一個一致性的結果，而背後的原因是不同的技術指標可能有重複或相沖的情況。

技術指標主要分為四大類：

趨勢指標（Trend Indicator）：主要量度一個趨勢的方向和強度，大部份的指標都以移動平均線為根本，透過比較股價與平均線的關係作出判斷。

動量指標（Momentum Indicator）：透過股價的速度識別當中的動量強度，大部份的指標都會在一個界限之內震盪，當指標接觸界限時則代表過冷或過熱的情況。

波動性指標（Volatility Indicator）：在不考慮趨勢方向的情況下，透過股價的移動速度和波動性，尋找當下股價的交易範圍，定立可能轉向的界限位。

成交量指標（Volume Indicator）：透過成交量的變化量度一個趨勢的力量或確認交易方向，通常大的成交相對小的成交更為有力。

值得留意的是，由於同一類別的指標背後的投資邏輯相同，所以得出的信號會有相近的情況。例如，當股價持續上升一段時間，順勢指標、相對強弱指標、隨機指標等動量指標也會顯示其超賣情況，只有少許信號出現的先後次序或幅度的分別。

圖表2.11以2020年恒生指數走勢為例子，找到了順勢指標、相對強弱指標和隨機指標的走勢（當中用了市場平常使用的參數）。可以看到他們同樣在3月、10月顯示超賣信號，而在5月、7月和11月顯示超買信號。根據計算，它們之間的相關性（Correlation）高達0.7以上（注：相關性

的最高數值是 1.0）。雖然大方向的信號頗為一致，也能看到微觀的情況有少許分別：順勢指標相對其他兩個指標較為領先，但噪音亦比較多；隨機指標的幅度相對較大，所以進出的信號較為清晰，但它比相對強弱指數較為敏感，在 3 月至 9 月的上升趨勢途中，多次出現沽售的信號，所以更適合短期的操作。

另外，趨勢指標和動量指標是有相沖的情況，是因為他們背後的投資

圖表 2.11 同一類指標的信號有相近情況

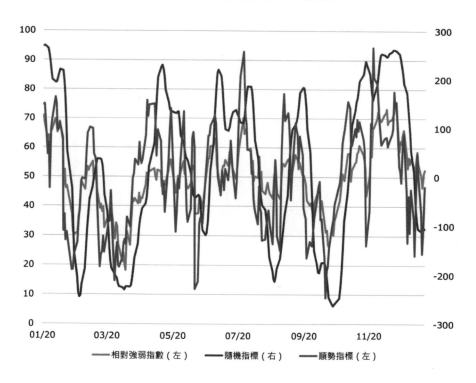

相對強弱指數（左）　　隨機指標（右）　　順勢指標（左）

邏輯剛剛相反，趨勢指標認為趨勢會持續，而動量指標則認為均值回歸（Mean Reversion）。試想像，當股價不停向上時，趨勢指標會提示投資者值得買入因為趨勢持續向上；但動量指標卻會顯示過熱的情況，提示投資者需要離場，反之亦然。波動性指標的投資邏輯相對較接近動量指標，所以也有少許相沖的問題。但成交量指標的根本是另外一個維度，所以較能補充其他指標的不足。

圖表2.12同樣以2020年恒生指數走勢為例子，移動平均線是最簡單的動量指標在這裏我使用了50天移動平均線作為參考。當移動平均線向上，表示趨勢向上，反之亦然。我把移動平均線和相對強弱指數放在一

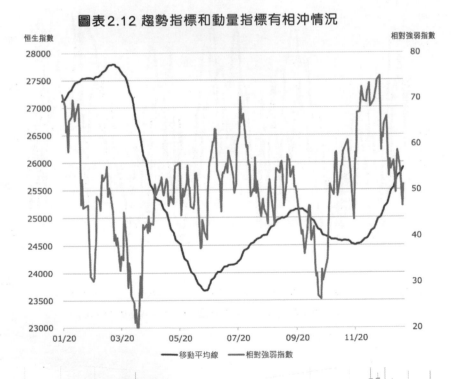

圖表2.12 趨勢指標和動量指標有相沖情況

起，計算一下它們的相關度，得出 -0.3 的關係。圖中也看到在不同時間點，它們帶出不同的看法：在 3 月的大跌市，移動平均線認為趨勢繼續向下，但相對強弱指數認為已經超賣，是入貨的機會；在 6 月後移動平均線認為趨勢向上，但相對強弱指數在 7 月和 11 月認為已經超買，是出貨的時間。

三螢幕方法

為了融合趨勢指標和動量指標相沖的情況，我參考了亞歷山大‧艾爾德（Dr. Alexander Elder）撰寫的《走進我的交易室》（*Come Into My Trading Room*）一書裏面的「三螢幕方法」：

第一個螢幕是運用趨勢指標，在長期（周線圖）走勢上決定該股票是否值得投資；

第二個螢幕是運用動量指標，在中期（日線圖）的入場和出場做部署；

第三個螢幕是運用短期（時線圖）的走勢圖去執行買入和買出。由於趨勢指標和動量指標背後的時間框架不同，所以解決了相沖的情況。

而對於增長股，我最希望看到長期趨勢上升，但中期調整的格局，讓我有買入的機會。

雖然同一類別的指標得出的信號有相近的情況，但一個指標的領先程度和它的確認性是成反比的。所以當你用同一系列的指標時，隨着股價的走勢越確定，越多同一系列的指標會由較領先的指標開始亮起綠燈。所以如果要把同類別的指標融合，可以為每一個指標提供權重後加在一起，結果數值越大代表這個類別的信號越強。

其實選擇技術指標時，並沒有一款是特別優勝的，只有最適合自己使用的。因為每一個技術指標都有它的長短處和獨特的使用方法，當我們長期使用配合自己的操作，便會對該指標開始產生更強的掌握力。所以若果我們是用肉眼去分析技術指標時，在每一個時間框架只需要選擇一個最適合自己的技術指標。

52 長線參考「趨勢樣板」

所以，筆者根據自己過往的經驗，找到一套適合自己的技術指標放進篩選器和入市方法，希望在這裏和讀者分享我是如何理解各個指標背後的意義和計算方法。當然這套方法並不是唯一的方法，讀者可以根據自己的性格和對各項技術指標的理解把方法加以改進，成為一套最適合自己的方法：

1）在**長線**方面的篩選，我參考了馬克‧米奈爾維尼在《超級績效》一書裏面的「**趨勢樣板**」（Trend Template Criteria）作為趨勢指標，它能夠找出長期較為穩定向上的強勢股，而裏面的八個條件，同樣是趨勢指標的類別，放在一起可以有互補的作用。

2）在**中線**方面的篩選，我用**相對強弱指數**作動量指標，但由於在長線篩選後的結果是趨勢正在向上的增長股，所以我根據過往經驗和回答之後，改變了進場的參數，而非傳統的做法。

3）在**短線**的入市方法，由於變化的可能性較多，較難用篩選器做選擇，只能用肉眼做判斷，裏面包括對**波動性和成交量**的研究，會在第四章詳細介紹。

2.2
長線啟示：趨勢樣板

「趨勢樣板」（Trend Template Criteria）是馬克‧米奈爾維尼考慮買進股票的必要條件。他認為幾乎所有超級強勢股在重大漲勢之前，都是處於明確的上升趨勢中，而趨勢樣板則是協助我們確認一隻股票是否在一個上升趨勢當中。

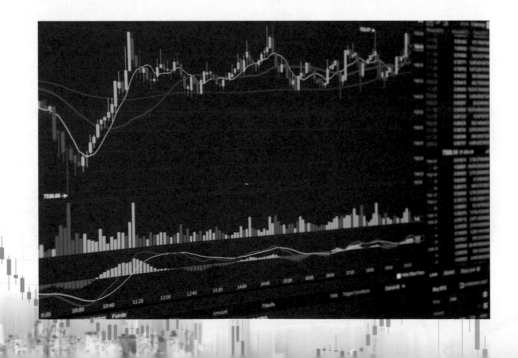

8個必須符合的條件

趨勢樣板當中有八個條件，分為三個類別：

A. 股價和移動平均線的關係

   1）現時股價高於150天與200天移動平均線

   2）150天移動平均線高於200天移動平均線

   3）200天移動平均線至少有一個月期間處於上升狀態

   4）50天移動平均線同時高於150天與200天移動平均線

   5）當時股價高於50天移動平均線

B. 股價與高低位的距離

   6）當時股價較52周低點至少高出35%

   7）目前股價距52周高點不超過20%

C. 該股票價格相對市場其他股價的強度

   8）相對強度評級（IBD RS Rating）不低於80，最好是90以上

以趨勢樣板指數進行回測

由於我希望計算一隻股票本身向上趨勢的絕對力度，所以先把第八點「相對強度評級」排除在外（第八點看的是向上趨勢的相對力度，和第一至第七點的概念有所不同，所以分拆出來單獨來看會更有意義）。為了簡化趨勢樣板的分析，我建議製造一個「趨勢樣板指數」。從圖表2.21可見，我在第一至第七項使用相同的權重，若果項目的條件被滿足，會得到1分，當中第一和第四個項目有兩個條件，每個被滿足的條件會得到0.5分。這個指數所表達的是有多少條件被滿足，如果所有條件被滿足便會得到滿分7分，相反若果沒有條件被滿足便會得到最低的0分。

圖表2.21 趨勢樣板計算方法

內容	公式	權重
現時股價高於150天移動平均線	A250>AVERAGE(A101:A250)	0.5
現時股價高於200天移動平均線	A250>AVERAGE(A51:A250)	0.5
150天移動平均線高於200天移動平均線	AVERAGE(A101:A250)>AVERAGE(A51:A250)	1
200天移動平均線至少有一個以月期間處於上升狀態	AVERAGE(A51:A250)-AVERAGE(A29:A228)	1
50天移動平均線高於150天移動平均線	AVERAGE(A201:A250)>AVERAGE(A101:A250)	0.5
50天移動平均線高於200天移動平均線	AVERAGE(A201:A250)>AVERAGE(A51:A250)	0.5
當時股價高於50天移動平均線	A250>AVERAGE(A201:A250)	1
當時股價較52週低點至少高出35%	A250/MIN(A2:A250)>1.3	1
目前股價距52週高點不超過20%	A250/MAX(A2:A250)>0.75	1

備注：
A250 = 當時股價
AVERAGE(A101:A250) = 150天移動平均線
AVERAGE(A51:A250) = 200天移動平均線
AVERAGE(A29:A228) = 一個月前的200天移動平均線
AVERAGE(A201:A250) = 50天移動平均線
MIN(A2:A250) = 52週低點
MAX(A2:A250) = 52週高點

計算的方法並不困難,只需要跟隨以下的步驟:

1)下載過往一年每一個交易日的收市價,坊間有很多免費網站也有提供這個服務

2)透過Excel裏面的基本公式函數,可以找到各時段的移動平均線、52周高、52周低:

移動平均線:=AVERAGE(儲存格範圍)

52周高:=MAX(儲存格範圍)

52周低:=MIN(儲存格範圍)

3)計算每一個條件是否成立,若果成立則給予相應的權重分數:

得分條件:=IF(條件,分數,0)

4)把所有條件的得分加在一起,得到「趨勢樣板指數」:

整體得分:=SUM(得分條件)

圖表2.22 趨勢樣板計算分數方法

移動平均線：=AVERAGE
（儲存格範圍）
52周高：=MAX（儲存格範圍）
52周低：=MIN（儲存格範圍）

得分條件：=IF
（條件, 分數, 0）

整體得分：=SUM
（得分條件）

```
=SUM(
IF(A250>AVERAGE(A101:A250),0.5,0),
IF(A250>AVERAGE(A51:A250),0.5,0),
IF(AVERAGE(A101:A250)>AVERAGE(A51:A250),1,0),
IF(AVERAGE(A51:A250)-AVERAGE(A29:A228)>0,1,0),
IF(AVERAGE(A201:A250)>AVERAGE(A101:A250),0.5,0),
IF(AVERAGE(A201:A250)>AVERAGE(A51:A250),0.5,0),
IF(A250>AVERAGE(A201:A250),1,0),
IF(A250/MIN(A2:A250)>1.3,1,0),
IF(A250/MAX(A2:A250)>0.75,1,0))
```

58

備注：
A250 = 當時股價
AVERAGE(A101:A250) = 150天移動平均線
AVERAGE(A51:A250) = 200天移動平均線
AVERAGE(A29:A228) = 一個月前的200天移動平均線
AVERAGE(A201:A250) = 50天移動平均線
MIN(A2:A250) = 52週低點
MAX(A2:A250) = 52週高點

　　如果想用單一儲存格計算出趨勢樣板的分數，可以參考一下圖表2.22
的公式，相信對讀者使用其他程式或網上篩選器也有幫助。（注：由於
股價是跟時間序列由舊至新向下排列，所以A250是現價，而A2是一年
前的股價）

篩選出超級漲勢

筆者在使用趨勢樣板指數作篩選時，並不會單看最近的一次指數而作決定，而是透過觀察指數在過往一段時間的趨勢（通常兩至三個月），如圖表2.23所示，洞悉股票處於超級漲勢的甚麼位置，當中通常分為兩個類別：

1）超級漲勢持續了一段時間

我會把過去一段時間的趨勢樣板指數限制在6或以上，這樣會篩選出一系列持續向上的股票，而經驗告訴我這些股票通常都是非常強勢，相對其他只是在最近期獲得6或以上的分數的股票更有持續上升的能力。唯一的問題是這些股票很多時候都已經進入短期超買的階段，令投資者難以進場，所以我才會使用中線的RSI作篩選，尋找短期入場的機會。

2）超級漲勢剛剛開始

另一個篩選方法，是尋找最近一段時間趨勢樣板指數升幅最急的一系列股票。方法是首先在最近一次的指數篩選出數值等於7的股票，確保他們現時已經進入上升趨勢，接着用程式或肉眼尋找指數數值上持續上升的股票。這些篩選出來的股票有可能是剛進入超級漲勢，但穩定性和確定性不高。雖然我們有機會在較別人早的時間尋找到潛在的超級漲勢股，但當中伴隨的風險也是巨大的。

圖表2.23趨勢樣板篩選方法

1）超級漲勢持續了一段時間

Date	30/10/20	12/12/20	15/11/20	19/11/20	27/11/20	6/12/202	22/12/20	29/12/20	7/1/2020
44 168 HK	6	6	7	7	7	7	7	7	7
46 175 HK	6	7	7	7	7	7	7	7	7
59 268 HK	7	7	7	7	7	7	7	7	7
75 327 HK	6	7	7	7	7	7	7	7	7
83 354 HK	6	7	7	7	7	7	7	7	7
91 388 HK	6	6	6	6	7	7	7	7	7
98 425 HK	7	7	7	7	7	7	7	7	7
109 520 HK	7	7	7	7	7	7	7	7	7
118 579 HK	7	6	7	7	7	7	7	7	7
127 636 HK	7	7	7	7	7	7	7	7	6
128 639 HK	7	7	7	7	7	7	7	6	6

2）超級漲勢剛剛開始

Date	30/10/20	12/12/20	15/11/20	19/11/20	27/11/20	6/12/20	22/12/20	29/12/20	7/1/2020
7 4 HK	2.5	2	5	5	6	6	6	6	7
15 14 HK	2	2	4.5	5	5	5	6	6	7
20 27 HK	4	4	6	6	7	7	6	6	7
36 135 HK	2	2	5	5	5.5	5.5	5.5	6	7
51 189 HK	0	0	3	4	4	6	7	7	7
82 347 HK	2.5	2	4	5	6	7	7	7	7
85 358 HK	5	4	6	6	7	7	7	7	7
100 451 HK	1	1	4	5	6	6	7	7	7
106 489 HK	2	2.5	5	5	7	7	7	7	7
123 598 HK	4	3.5	5	5	7	7	7	7	7
125 607 HK	5	5	6	6	2	6	6	7	7

較多增長股處超級漲勢

透過回測，我計算出過去10年增長股和價值股在趨勢樣板指數分布上
的分別。從圖表2.24可見，獲取6分和7分的增長股數量，長期多於價
值股，而0分的價值股數量也持續高於增長股。

此外隨着時間的推移，在每一次上升周期，大約有五六成的增長股都處
於上升趨勢（指數屬於6至7分），但處於上升趨勢的價值股數量卻一次

比一次低，由四成降至最近的一成，反而下降趨勢（指數屬於0分）的數量卻越來越多。有趣的是，下降趨勢股票數量的不停增加，並不只是出現在大市不好的時候，而是一個持續的趨勢。即使在最近的升市當中，下降趨勢的增長股數量和以前一樣控制在一成以內，但下降趨勢的價值股已經增加至兩成或以上。

總括來說，隨着每次的升市和跌市，投資者在不停地學習，而且投資風格也在不停轉變。回測結果得出的結論，是**不論在升跌市，投資者對增長股的興趣相對價值股越來越高，造成從價值股尋找上升趨勢的機會低。**

圖表2.24 增長股和價值股趨勢樣板指數分布

增長股趨勢樣板指數分布

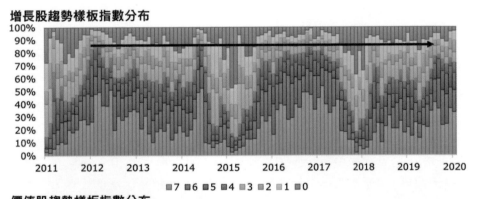

價值股趨勢樣板指數分布

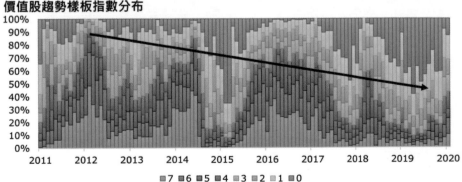

趨勢樣板指數與市值的關係成正比

透過回測，我計算出過去10年不同市值的股票在趨勢樣板指數分布上的分別。從圖表2.25可見，最基本的分析是市值的大小和上升趨勢的佔比的關係是成正比的。在大部份的時間，處於上升趨勢的高市值的股票佔比都要較低市值的股票多。這也是合理的，因為越低市值的股票普遍也存在越多低質素的公司，較難出現中長線的資金支持，造成中長線的上升趨勢。

除了基本的情況，可觀察兩點：

1）在較大型跌市的時候，例如2015年、2018年和2020年初（以顏色覆蓋的部份），市值的大小和上升趨勢的佔比有機會出現相反的情況，表示在risk off的情況，投資者因為害怕風險而逃離股市，甚至沒有秩序地拋下一直以來較高質素的高市值股票，但往往正是連最優質的股票都失去上升動力的時候，便出現了可觀的投資機會。

2）在一些升市的中段，例如2013年、2017年、2020年後期（圓圈覆蓋的部份），當最高市值的股票（首100間）有較多佔比進入了上升趨勢時，會留意到中型市值股票（首300間）有機會有多一點公司進入上升趨勢。這個情況也是非常合理，因為當最優質的高市值股票站穩了在上升趨勢當中，資金可能認為他們的相對升幅有限，因此把資金流進二線的股票，希望他們在股價和估值上追上最高市值的股票。而二線股票的數量通常較多，導致總佔比反超最高市值的股票。

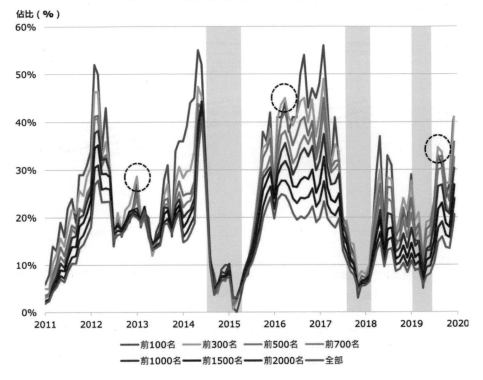

圖表 2.25 趨勢樣板指數與市值關係

佔比（％）

前100名　　前300名　　前500名　　前700名
前1000名　　前1500名　　前2000名　　全部

最佳「趨勢樣板指數」參數6至7

馬克‧米奈爾維尼曾經提到，超級強勢股再啟動重大漲勢之前，99%是高於200天移動平均線，96%是高於150天移動平均線。筆者很好奇香港市場的情況，所以把趨勢樣板的條件放到香港市場進行回測，同樣使用最近10年的數據，看看在超級漲勢的情況下，趨勢樣板的各項條件有甚麼反應。

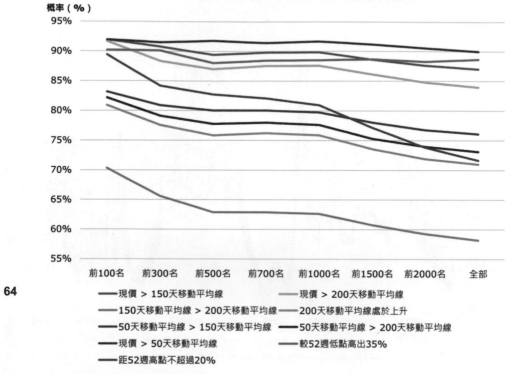

圖表2.26 趨勢樣板各條件發生超級漲勢的概率

概率（%）

縱軸: 95% 90% 85% 80% 75% 70% 65% 60% 55%

橫軸: 前100名　前300名　前500名　前700名　前1000名　前1500名　前2000名　全部

圖例:
—— 現價 > 150天移動平均線　　—— 現價 > 200天移動平均線
—— 150天移動平均線 > 200天移動平均線　　—— 200天移動平均線處於上升
—— 50天移動平均線 > 150天移動平均線　　—— 50天移動平均線 > 200天移動平均線
—— 現價 > 50天移動平均線　　—— 較52週低點高出35%
—— 距52週高點不超過20%

在各項條件當中，超級漲勢最容易符合的條件是「現價高於50天/150天/200天移動平均線」和「相對52周低點高出35%以上」，大約90%以上的超級漲勢也是涵蓋這四個條件。因此回應米奈爾維尼的論點，當升幅是持續六個月或以上，市值最高的100間公司的確有99%是高於200天移動平均線，97%是高於150天移動平均線（但要留意的是，這個概率是有蘊含的關係，所以以相反的方向去看這個概率是行不通的：高於200天移動平均線的股票並不是有99%機會是超級漲勢）。

當中最難符合的條件是「150天移動平均線需要高於200天移動平均線」，這個條件在超級漲勢出現的機會率大大低於其他條件，只有60%至70%。而「目前股價距52周高點不超過20%」出現的機會率會跟隨市值的大小而改變，相信是市值越小的公司有較大的波動性，短期調整的時候較容易從高位調整多於20%。最後，剩下的項目出現的機會率平均都在80%以上。

計算這些條件所出現的機會率的用途，除了讓我們知道各個條件和超級漲勢的關係並不對等之外（例如：「現價高於50天/150天/200天移動平均線」的重要性比「150天移動平均線需要高於200天移動平均線」要高），也讓我們計算到「趨勢樣板指數」在超級漲勢的期望值（Expected Value）是6左右。

這個結果也符合我肉眼觀察和經驗得出的論點：雖然大部份經歷超級漲勢的「趨勢樣板指數」都是處於7的狀態，但在長時間的升幅途中（多於六個月），也會有調整的時間，指數通常最多跌至6之後便反彈。若果跌穿6，那麼中長線的升勢大致上也結束了。所以，在篩選中長期的部署時，最基礎的做法當然是把「趨勢樣板指數」的篩選參數設定為7。但為了捕捉多一點漏網之魚，我也會以6為參數，目標是讓多一點股票進入候選名單。其後我會參考它們指數的歷史走勢，若果指數在之前的一段時間也是維持7的狀態，有可能最近的6只是比較大一點的調整，超級漲勢的情況有機會持續下去。

以銀河娛樂（0027）為例，從圖表2.27可見，在中國政府打貪前後也經歷了兩次各長達兩年的超級漲勢，分別是2012年至2014年和2016年

至2018年，即使漲勢如此明顯，但當中趨勢樣板指數也有多於五次短期回到6的情況。如果我硬性地把篩選參數設定為7，則有機會錯過這些大升幅的機會。同時讀者也應該留意到，6已經是最大可以忍受的短期調整，當趨勢樣板指數跌破6之後，股價的超級漲勢已經告一段落。

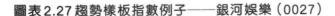
圖表2.27 趨勢樣板指數例子——銀河娛樂（0027）

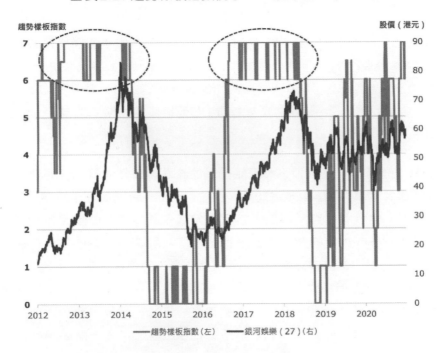

要留意的是，雖然「趨勢樣板指數」能幫助我們篩選出潛在超級漲勢的股票，但我們不能盲目地只靠這個指數的結果進行投資。根據計算，無論現時的指數是7分還是6分，在單看這個指數的情況下，下個月回報率的中位數都是在0%左右，並沒有顯著的推斷性。

此外，指數的連續性也是有限度的，今個月的分數並不能保證下個月的分數。圖表2.28可以看到今個月獲得7分的股票，在下個月再次獲得7分的機會率只有59%，而在隨後兩個月降至40%。若果把要求放寬一點，持續獲得6分以上的機會率還是可以接受的，在下個月有77%機會繼續獲得6分以上。

總括而言，「**趨勢樣板指數**」**在香港市場最適合用的篩選參數在6和7之間。**讀者可以從中按照自己的投資理念找出一個平衡，目標是在不放棄太多漲勢機會率，也不要涵蓋太多股票。

圖表2.28 趨勢樣板指數的連續性

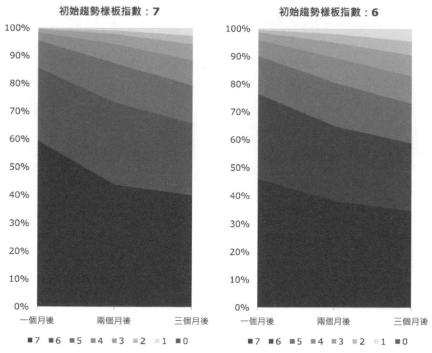

相對強度評級看跑贏程度

相對強度評級（Relative Strength Ranking）是《投資人商業日報》（*Investor's Business Daily*）的獨家專有評級，透過與數據庫中所有其他股票相比，衡量每一隻股票在12個月內的價格表現（注：相對強度評級（Relative Strength Ranking）和相對強弱指數（Relative Strength Index）雖然名字很相似，但它們是完全不同的指標）。相對強度評級的範圍被定在1至99以內，一個得到90分評等的股票表示該股票跑贏了數據庫中90%的其他股票。

要得到相對強度評級的數據，最直接的方法，當然是到MarketSmith香港的網站（www.marketsmith.hk）登記及付款後便可以立即使用。希望省錢的用家也可以從網上免費下載數據自己計算，但由於相對強度評級是要跟市場的所有股票作對比，因此對電腦運算力和記憶體的要求也較高。

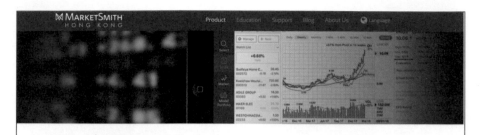

Product Overview

Stock research is critical to investing success, but gathering all that information can take hours. With MarketSmith Hong Kong, you'll know the strengths and weaknesses of individual Hong Kong stocks in minutes—based on concrete facts.

The app, available for iPhone, iPad, and Android smartphones summarizes the data essential to decision making, derived from a growth-oriented investing method that has proven to outperform major indices across the globe for 50 years. Plus, the app's "model

" Get yourself prepared and go for it.
You'll find that little acorns can grow

4步計算相對強度評級

1）下載香港股票市場內所有上市公司在過去一年的收市價數據，找出最近、一個季度前、兩個季度前、三個季度前和一年前的收市價。

2）計算四個季度的回報率。

計算方法 =（最近收市價 - 四個季度前的收市價）/ 四個季度前的收市價

3）為了強調較近的價格表現，指標把雙倍的權重放到最近的一個季度，因此在找出四個季度相對現價的回報率後，按着40%/20%/20%/20%的權重比例把一個季度/兩個季度/三個季度/一年的回報率加在一起。

4）把所有股票的加權回報由大至小排列，找出對應的百分等級，便會得

出其相對強度評級。如果使用Excel做運算，可以使用PERCENTRANK
這個函數：

相對強度評級 = PERCENTRANK（所有股票權重後的回報率的儲存格
範圍，該股票權重後的回報率）

圖表2.31 相對強度評級的計算方法

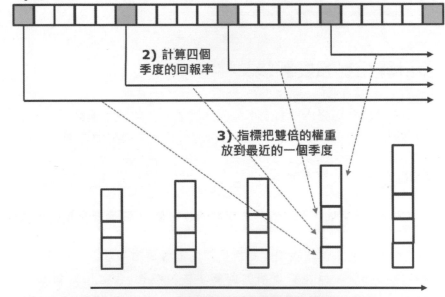

最適合港股的篩選參數　80-90以上

對於相對強度評級，創建者威廉·歐奈爾（William O' Neil）建議選擇80分以上的股票，馬克·米奈爾維尼（Mark Minervini）認為數值應不低於70，而最好是80多或90多。同樣地，篩選所用的數值並不是一刀切，所以筆者同樣以最近10年的數據作回測，看看相對強度評級在香港市場有甚麼特性。

圖表2.32 相對強度評級跟當月的回報關係

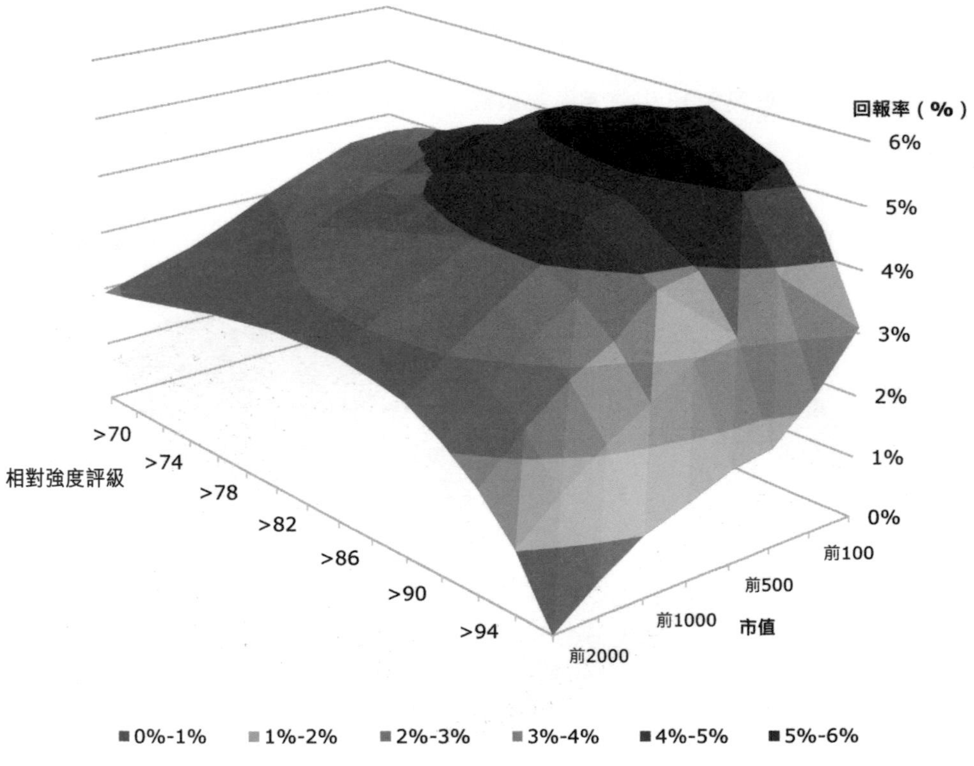

相對強度評級跟當月的回報有圓頂型的關係，卻和下一個月的回報呈現正比例，而這個關係覆蓋了任何市值的公司。從圖表2.32可見，當月獲得最高回報中位數的數值，並不是相對強度評級當中最高的98-100，卻是86-92之間的數值（最佳的數值隨着市值的大小有所不同）。這個結果跟預測有點出入，因為相對強度評級的定義不就是跟其他股票作回報上的對比，他們的關係應該是線性才對。但仔細想一想後便會明白，相對強度評級所看的是過往一年的回報比較，要成為分數最高的股票，很大機會是在最近的三個月的表現特別優秀（因為最近三個月的權重是以雙倍計算），所以過於強勢的股票（例：相對強度評級在95分以上）因此在短期有回吐壓力也是正常的表現。反而，強勢但不是過於強勢的股票（86-92分）的短期會回吐壓力相對較少，所以短期表現最佳！

圖表2.33相對強度評級跟下月的回報關係

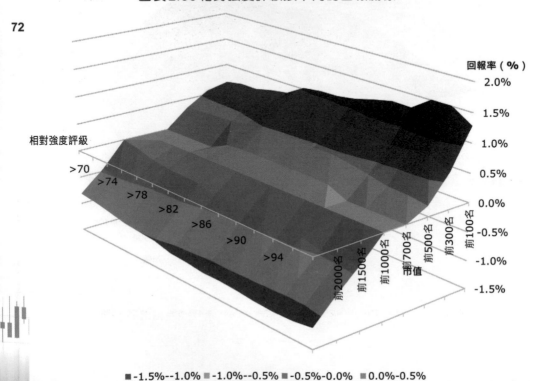

但是，股票成為強勢必定有它的原因，而相對強度評級的排行看中長線的，所以對於未來的回報，看遠一點還是有線性的關係。以相對強度評級和下一個月的回報為例，評等的分數越高，下個月的回報越高，而市值越高的股票的關係也越明顯。

那麼，對於尋找超級漲勢，相對強度評級應該使用甚麼參數？跟趨勢樣板的選擇相似，當篩選用的參數太高，雖然篩選出來的股票數量不多，但覆蓋的股票只佔了所有超級漲勢的一小部份。例如，把參數放在98%或以上，雖然把候選名單濃縮至整體情況的1.4%，已經能包括了整體14%的超級漲勢。但是如果願意把參數放寬至96%，候選名單在增加少量到3.0%的情況下，所包括的超級漲勢將大幅增加至整體的27%。因此，在候選名單少量增加而超級漲勢佔比大幅增加的情況下，有絕對誘因把參數向下調，讓用家透過增加少許成本，大幅增加潛在的利益。

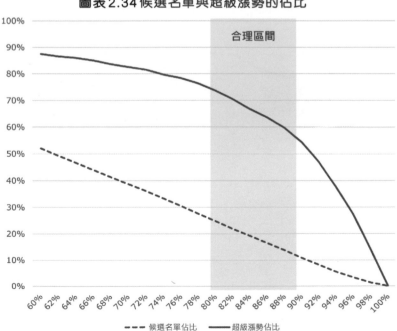

圖表2.34 候選名單與超級漲勢的佔比

可是，隨着參數不斷下調，候選名單增加的速度逐漸加快，而超級漲勢佔比的增速卻逐漸減慢，我把剛才兩個項目的增速放到一個新的圖表，即圖表2.34，雖然候選名單的增速在參數降至90%後在3%附近到達頂部，但超級漲勢佔比的增速卻不停下降。所以，的確可以把比較嚴謹的相對強度評級參數放在90%，以11%的候選名單換取54%的超級漲勢佔比。但如果你的投資金額較大，在初步的篩選時需要多一點的投資機會，再把參數降低也是合理的，因為超級漲勢佔比增加的幅度還是比候選名單的增加大。所以即使把參數降至80%，以25%的候選名單換取74%的超級漲勢佔比，這個接近柏拉圖法則八二定律的情況還是可取的。但是當參數降至80%以下，情況變得不可接受，因為超級漲勢佔比增加的幅度比候選名單的增加少，所以失去了篩選的意義。

圖表2.35 候選名單與超級漲勢的佔比增速

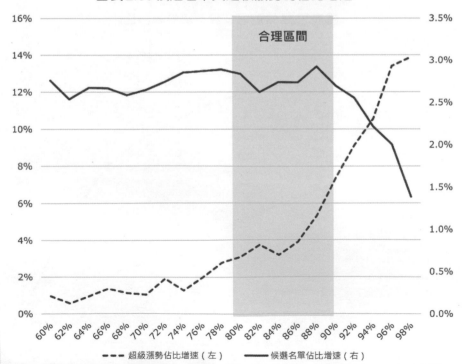

總括而言，相對強度評級在香港市場最適合用的篩選參數在80和90中間。讀者可以從中按照自己的投資理念找出一個平衡，目標是在不放棄太多漲勢機會率，也不要涵蓋太多股票。

增長股和中市值相對高評分

當我在個別地研究增長股和價值股的相對強度評級時，留意到增長股的分數普遍都高於價值股，相信是由於價值股即使在表現優勝的時候，它股價的回報率仍然不足以跑贏大部份的股票，而不能獲取較高的相對強度評級分數。

我翻看了增長股和價值股過往10年的相對強度評級走勢，綜合了各類別不同市值的前四分位（top quartile），統計出增長股有94%的時間的分數也是高於價值股。增長股的指數大部份時間在80至90之間，表示它們拿下了前10%至20%的位置。而價值股則處於弱勢的位置，指數大部份時間在70至80之間，有些情況甚至可以降至50。

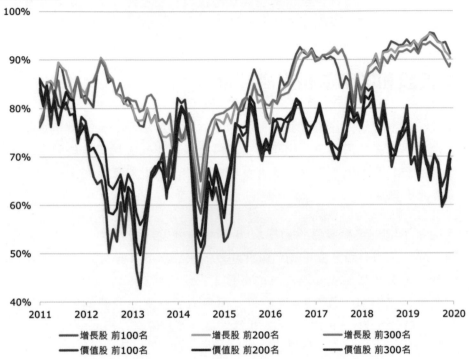

圖表 2.36 相對強度評級的前四分位

相對強度評級

——增長股 前100名　　——增長股 前200名　　——增長股 前300名
——價值股 前100名　　——價值股 前200名　　——價值股 前300名

以機會率的角度來看，價值股能獲得90分或以上的可能性一直處於10%以下，而增長股獲得90分或以上的可能性卻持續提升。這些結果表示，即使大市經常有輪動的情況，資金會不停遊走在增長股和價值股之間，但單從回報的角度來看，增長股長期處於相對優勝的位置，而且優勢越來越明顯。

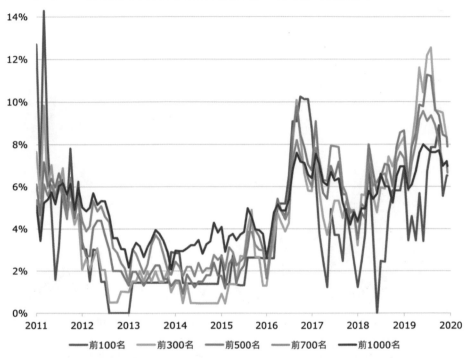

圖表 2.37 相對強度評級獲取 95 分以上的機會率

機會率（%）

透過市值分類，也有很有趣的觀察。我計算出不同市值獲取 95 分以上的機會率，發現前 100 市值的股票較低機會獲得 95 分以上，相信是這些股票的基數較大，因此較難製造較大的升幅。以資訊科技行業為例子，騰訊（0700）和阿里巴巴（9988）的規模已經非常巨大，在自身的行業裏面較難透過增大市場份額高速增長，只能靠行業的有機增長（Organic Growth）。但反觀一些行業集中度低而增長率高的行業，當中的公司規模只是前 300 至 500 市值，卻能有機會跑出。

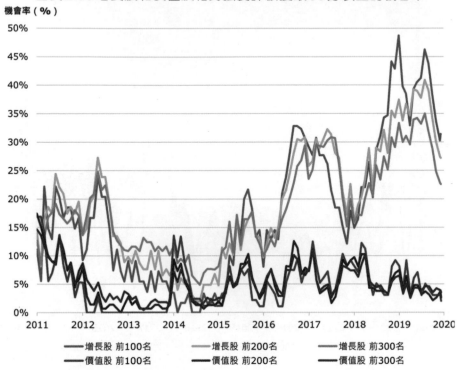

圖表 2.38 增長股和價值股相對強度評級獲取 90 分以上的機會率

機會率（%）

| 增長股 前100名 | 增長股 前200名 | 增長股 前300名 |
| 價值股 前100名 | 價值股 前200名 | 價值股 前300名 |

趨勢樣板與相對強度評級互補不足

筆者一開始把「趨勢樣板」分拆為趨勢樣板指數和相對強度評級，是因為他們的根本概念不同：趨勢樣板指數表達的是股票中長線向上趨勢的強度，是一個絕對的概念；而相對強度評級表達的是該股票的股價走勢相對其他股票的強弱程度，是一個相對的概念。

從經驗得出的看法，對判斷一隻股票能否成為出現超級漲勢，趨勢樣板指數與相對強度評級兩者同樣重要，所以在權重方面應該是1:1的重要性。但如果相對強度評級只是趨勢樣板的其中一個項目，那麼它的權重只是整體的八分之一，而不是我認為的二分之一。

圖表2.39 分拆後的趨勢樣板可互補盲點

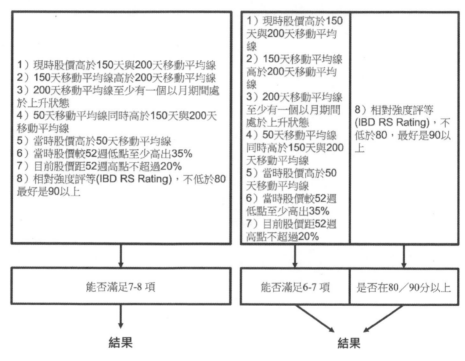

他們兩者之間有一定的相關性，中長線處於上升狀態的股票，其中長線的回報率也應該不錯，普遍也優於大部份的股票。但他們各有自己的盲點，在個別篩選的時候可能出現一些特殊的情況，幸好兩者並用的時候，可以互相覆蓋對方的盲點：

趨勢樣板指數 盲點回報不足

1）有一隻股票，它每個月的回報都穩定在3%左右，已經能夠符合趨勢樣板指數的所有條件，因為以絕對的角度看，它的確是在上升趨勢當中。但相對市場上的其他股票，相信有更好的選擇。例如一隻每個月獲得4%的股票，在趨勢樣板指數會得出和3%回報的股票同樣的結果，但在相對強度評級會有獲取較高的分數。因此，相對強度評級可以協助趨勢樣板指數篩選走有上升趨勢但回報不足的股票。

相對強度評級 盲點一次性回報

2）另外一隻股票，可能由單次事件推動，它最近三個月的回報非常高，因此雙重權重的計算情況下，在相對強度評級當中獲得很高的數值。我在篩選的時候，經常在95%以上的數值當中，碰到不少超低市值的「妖股」或「莊家股」。他們大部份都缺乏流動性，而且長期處於橫行甚至向下的趨勢，更談不上能否擁有上升趨勢的動力，這些絕對不是我有興趣投資的項目。因此，趨勢樣板指數可以協助相對強度評級篩選走短期回報出眾但缺乏持續上升動力股票。

2.4 技術指標因應超級漲勢調整

筆者在這節想表達的是常用的技術指標在超級漲勢的情況下,它們的使用方法跟平常有點不同,需要透過操作經驗對該技術指標的用法作出改良。

以 RSI(相對強弱指標)為例,它是其中一個最廣為人知的動量技術指標。簡單複習一下,RSI 透過衡量近期價格變化的幅度,去評估股價當時超買或超賣的情況。指數的範圍在 0 至 100,而最常用的參數是 14,表示過往 14 天內的股價買盤與賣盤力量強弱比例。RSI 的基本用法是以 70 以上代表超買或過熱,30 以下代表超賣或過冷,而 50 附近則代表沒有明顯趨勢。

RSI 50 也是買入機會

這個基本用法的假設是股價趨勢橫行發展,但當股票處於持續上升的狀態,你會發現RSI是長期處於50之上,一直處於「沒有明顯趨勢」和「超買」的區域中間。其實也是合理的,面對着一隻強勢股,投資者都爭先恐後地持續買入,不會等待股價回調到「超賣」的區域,因此「沒有明顯趨勢」的50反而變成了買入的機會。

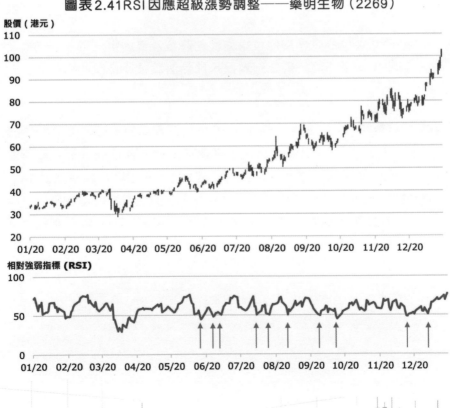

圖表2.41RSI因應超級漲勢調整——藥明生物(2269)

以藥明生物（2269）為例，2020年的升勢平穩而強勁，趨勢樣板指數長期處於6以上，而相對強度評級也一直在90%以上，是典型的超級漲勢的情況。若果不能在一開始的時候買入，其實上升途中還是有很多入市機會的，每一次回調去到RSI 50也是買入機會。

所以在進一步透過技術指標作中線的篩選時，要留意長線的篩選結果會否導致中線技術指標的參數。試想想，在經過趨勢樣板指數和相對強度評級的篩選後，藥明生物相信會是長期在候選名單中，但若果在中線篩選使用了平常的「RSI 少於 30」，那麼即使到了合適的買入位，藥明生物還是會被篩選掉的，把篩選改為「RSI 位於 50 附近」相信會是更好的選擇。

2.5 基本面篩選四大指標

1）價值＜價格

當一間公司的內在價值（Value）低於市場的價格，便會出現值得投資的價值。但要留意的是不要掉進價值陷阱（Value Trap），一些看起來很便宜的股票，不一定是價格出現短期錯誤，有機會是公司的本質真的出現問題。能在便宜貨裏找到寶石，是一個結合科學與藝術的高級技巧。

例子：

• **收益率（Earnings Yield）**：顯示了公司每股獲取盈利的百分比，高數值可能表示價值被低估了，高增長的公司通常收益率都較低。

• **股息率（Dividend Yield）**：顯示了公司每股獲取股息的百分比，主要用於成熟的行業，要留意股價下跌也可提高股息率，而這不是理想的情況。

• **賬面價值/股價（Book/Price）**：將會計記錄上的資產價值（獲取成本減折舊）和市值作比較，數值高於1.0表示投資者能以低於帳面價值的價錢獲得該資產。

• **企業價值倍數（EBIT/EV）**：跟收益率的概念差不多，但EBIT和EV更能精準地在不受資本結構影響下量度一間公司，因此有效地比較公司之間的收益率。

2)高質素

股神巴菲特曾經提到,相比起一間估值很低但質素(Quality)普通的公司,他更喜歡投資質素高但估值一般的公司。質素和價值最大的分別是價值通常包含股價在內,而質素則是和股價沒有關係,通常是出現在財務報表裏的比率。

例子：

- **股本回報率（ROE）**：評估公司盈利能力的指標，能為控股的股東創造多少利潤，更能把同一行業內不同企業的盈利能力做比較。

- **資本回報率（ROIC）**：評估公司所投出的資金所創造的回報，由於是落後指標，主要反映公司的歷史績效。

- **資本性支出／折舊（Capex / Depreciation）**：在資產的壽命期內，折舊的總和相等於資本性支出，因此當資本性支出持續高於折舊，這代表公司的資產在增長。

- **債務股本比率（Debt / Equity）**：衡量公司財務槓桿的指標，揭示建立資產的資金來源中股本和債務的比例，顯露透過借貸引伸的風險程度。

3）高增長

對於較新的公司和行業，增長（Growth）的能力決定了一切，因為他們處於攻擊方，挑戰現時的領袖或創造新的領域，希望以最快的方法增加公司的規模和行業中的影響力。

例子：

• **每股收益增長率（EPS Growth）：** 評估公司成長性的指標，當中包括公司在支出和管理營運成本的效率。要留意的是，收益增長率在公司轉虧為盈、轉盈為虧或收益接近零的時候失去指導性。

• **銷售增長率（Sales Growth）：** 同樣是評估公司成長性的指標，但主要指出公司在創造銷售和收入方面的效率，而不考慮影響利潤的營運效率。

4) 小規模

根據法馬 - 佛倫奇三因子模型（Fama-French Three-Factor Model），入面提到透過回歸分析，公司規模（Size）跟回報有顯著的關係，規模較小的公司在伴隨更高的風險下，預期能帶來更高的回報。

例子：

- **小盤股（Small Cap）：** 市值較細的公司，股價波幅較高，但有機會成為下一隻大盤股。

- **大盤股（Large Cap）：** 市值較大的公司，股價穩定性較高，但升幅相對有限。

透過回測尋找合適函數

為了獲得合適的函數，筆者借助了彭博的內部程式在雲端計算，以回測的方法尋找哪一個函數在得出更高的回報的同時，減少波動性或下行風險。計算的方法是先成立一個平均加權（Equally Weighted）的投資組合，把當時符合函數條件的股票放進去，計算一個月的回報率。然後每個月檢討，把不符合條件的股票剔除，再將新符合條件的股票加入組合，把投資組合重新進行平均加權後再計算回報率。回測的時期從2010年到2020年底，當中經歷數次大起大落，讓投資組合有合適的壓力測試。

透過程式所獲得的結果分別有總回報率、單月最高和最低回報率、標準差、偏度和夏普比率（Sharpe Ratio）。由於各投資組合回報率相對標準差的差異比較大，因此透過夏普比率和總回報率所優化的結果普遍都是一致的。

之前提到投資者會使用不同的基本面指標去判斷增長股和價值股，是因為他們對雙方有不同的期望，增長股當然是看它的增長能力，價值股則

是看它的價格是否合理，若果硬要以增長的角度去看價值股，甚至進行篩選，便會得出不合理的結果。

舉個例，我把前三百最大的市值的價值股以每股收益增長率（增長股的指標）進行篩選，看看回測的結果，會發現各組合的走勢和結果隨機漫步，很難得出合適的結論。試想像，價值股包含了盈利增長率大升大跌的大型油企，也包含了低增長的成熟行業，把他們放在一起比較盈利增長對他們的重要性是不合邏輯的。

圖表2.51 價值股回測結果（增長型的指標）

	>10%	>20%	>30%	>40%
總回報	50.24	48.69	68.37	63.96
平均回報	0.53	0.53	0.64	0.61
最差月回報	-20.62	-21.4	-22.02	-22.06
最好月回報	24.25	24.87	25.42	20.7
標準偏差	19.72	20.28	20.84	20.71
半標準偏差	14.86	15.23	15.69	15.56
偏度	-0.01	0.05	0.08	-0.03
夏普比率	0.29	0.28	0.35	0.33

CANSLIM® 的 C 和 A

對於篩選增長股所用的指標,市場普遍也是用不同時段的盈利增長率,我參考了威廉‧歐奈爾(William O' Neil)CANSLIM®成長投資策略內的法則,它是一個看漲為主的策略,當中包含基本分析和技術分析,七項篩選條件裏面有兩項是從基本面獲得:當中的「C」代表目前的每股季度盈餘增長(Current Quarterly Earnings),「A」代表每股年度盈餘增長(Annual Earnings)。

隨着篩選函數增加,代表放入回測投資組合的股票,他們的平均盈利增長率也在增加(>20%投資組合的平均增長率應該大於>10%的投資組合)。對於增長股來説,盈利增長率和股價增長有正面的關係,因為投資者傾向偏好高增長率的增長股。回測結果也印證這一點,總回報和平均回報在低增長率的範圍,是跟隨平均增長率一起增加。

但隨着回報增加,以標準差量度的風險也在增加,因此在選擇適合的投資組合時,我們希望在固定風險裏,追求最大的回報,或在固定的回報裏,追求最少的風險,而夏普比率正是同時對收益和風險一起考慮的綜合指標。根據經驗法則,夏普比率在1.0以上為之好的投資項目,數值越高則更好,而比率在1.0以下便沒這麼理想(像剛才使用增長型指標篩選價值股的例子,夏普比率只是在0.3附近)。

對於季度和年度的盈餘增長，最佳的篩選函數都是放在「高於40%」，當中的回報率分別高達948%和1712%，而夏普比率分別是1.43和1.52，兩者都在各項函數之中獲得最高的數值。值得留意的是，隨着篩選函數增加，夏普比率在函數「高於40%」的時候到達高位，雖然波動性繼續增加，但比率下跌的主因是由於整體回報率下跌。

除了參考回測數據結果外，也可以觀察各個投資組合的資產淨值路線，優勝的組合（增長率高於40%）並不是靠一次半次的機會，而是持續地跑贏其他組合。

國際上的利率持續偏低，在資金泛濫的情況下，因此資金願意投資具增長但未有盈利的公司。這些公司雖然是很優秀的增長股，但是由於在增長初期，整體規模還未到達到收支平衡點，因此沒有盈利，更談不上盈利增長，所以不會被前面的盈利指標篩選出來。有見及此，我們可以退後一步以從年度營收增長作篩選（對於一些還在研發當中的 B 類股份，連營收也是不穩定的情況，那麼基本面數據的篩選變得無能為力，唯有從行業的基本面作判斷）。年度營收增長的回測結果顯示，同樣透過以夏普比率和資產淨值路線作參考，最佳的篩選函數是放在「高於30%」。

圖表2.52每股季度盈餘增長回測結果

	>10%	>20%	>30%	>40%	>50%	>60%
總回報	546.78	676.93	748.61	948.15	924.76	786.57
平均回報	1.75	1.93	2.02	2.21	2.19	2.08
最差月回報	-16.34	-16.8	-17.71	-16.42	-14.7	-14.46
最好月回報	29.05	32.24	37.26	41.36	42.48	47.3
標準偏差	19.6	20.04	20.43	20.41	20.58	20.81
半標準偏差	15.05	15.29	15.49	15.18	15.16	15.24
偏度	-0.2	-0.19	-0.19	-0.14	-0.1	-0.06
夏普比率	1.16	1.26	1.3	1.43	1.41	1.31

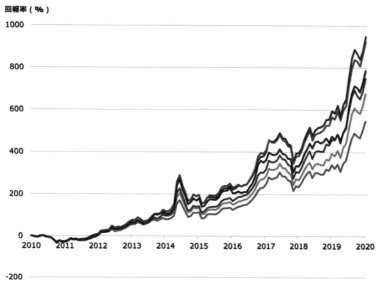

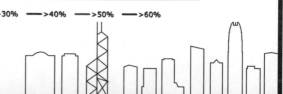

圖表2.53 每股年度盈餘增長回測結果

	>10%	>20%	>30%	>40%	>50%	>60%
總回報	915.26	1183.73	1262.73	1712.34	1477.14	1625.55
平均回報	2.19	2.41	2.49	2.77	2.69	2.81
最差月回報	-16.75	-16.35	-17.13	-16.97	-18.25	-20.87
最好月回報	43.81	46.41	48.57	57.87	62.44	65.34
標準偏差	22.56	22.81	23.77	25.16	25.95	27.11
半標準偏差	16.27	16.1	16.36	16.94	17.37	18.29
偏度	0.11	0.08	0.27	0.4	0.4	0.47
夏普比率	1.31	1.43	1.42	1.52	1.41	1.41

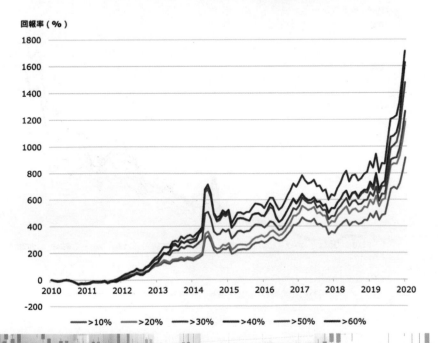

圖表2.54年度營收增長回測結果

	>10%	>20%	>30%	>40%	>50%	>60%
總回報	695.99	711.91	1009.92	997.34	964.02	932.02
平均回報	1.92	1.95	2.24	2.25	2.27	2.24
最差月回報	-17.32	-17.32	-16.59	-17	-17.52	-16.56
最好月回報	24.48	25.54	31.97	34.5	41.8	34.05
標準偏差	19.44	20.32	21.22	21.79	23.3	23.63
半標準偏差	15.22	15.83	16.15	16.32	17.11	16.64
偏度	-0.31	-0.26	-0.15	0.01	0.3	0.49
夏普比率	1.31	1.28	1.43	1.39	1.3	1.27

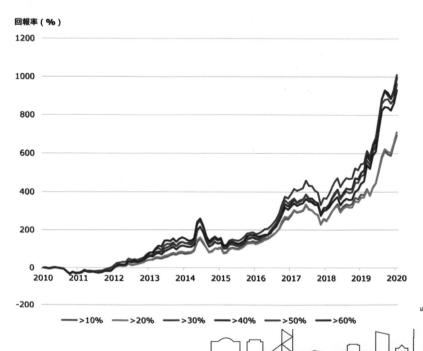

可觀的賠率和概率結果

在分析結果之前，讓我們先了解甚麼是期望值（Expected Value）。在統計學中，期望值是多次重複實驗中每次可能的結果（賠率）乘以結果機率（概率）的總和。若果只看一兩次實驗，賠率和概率有很大的波動性，但隨着實驗次數增加，他們會慢慢匯合到一個穩定性較高的結果。

為了覆核之前篩選出來的結果，我翻看了每個月根據基本面指標篩選出來的股票在當月的回報表現，記錄每一次的賠率和概率。賠率是看獲得正數與負數時，回報上的分別，例如正數的平均回報是20%，負數的平均回報是-10%，賠率便是20%/10% = 2。概率是看獲得正數與負數的機率，例如篩選出12隻股票，有8隻上升、有4隻下跌，概率便是8/4 = 2。

對於投資者，當然希望賠率和概率的數值越高，最少也在1.0或以上，因為這分別代表正數的回報高於負數和正數出現的機會高於負數。值得留意的是，市面上不少涉及賠率的賭博（例如賭馬、大細、輪盤等），賠率和概率通常是成反比的。若果賠率為6，那麼出現的機率很有可能在1/6或以下。幸好股票投資不是賭博，賠率和概率的數值取決於事前的準備和研究，因此有機會打破兩者之間反比的情況。

在概率分布方面，十年的中位數是1.15，有59%的機會獲得1.0或以上的數值。這表示不論任何市況，透過「年度盈餘增長高於40%」所篩選出來的股票，也是較多都能獲得正回報。還記得以前看過一些數據，對

於長期在股市投資的專業投資者，長期獲得55%的勝率已算是非常屬害，60%更是「大神」級別，有的甚至願意將勝率降至50%，以換取更高的賠率。

圖表2.56 年度盈餘增長逾40% 的賠率

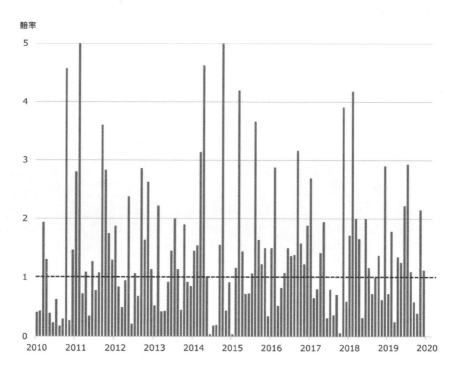

在賠率分布方面，十年的中位數是1.55，有高達77%的機會獲得1.0或以上的數值。我在圖表2.57列出正負回報的平均值，可以看到正回報的面積遠比負回報的面積為大。簡單來説，在120次數據點中，有92次正回報是大於負回報的，而回報率平均多55%。

圖表2.57年度盈餘增長逾40%的回報分布

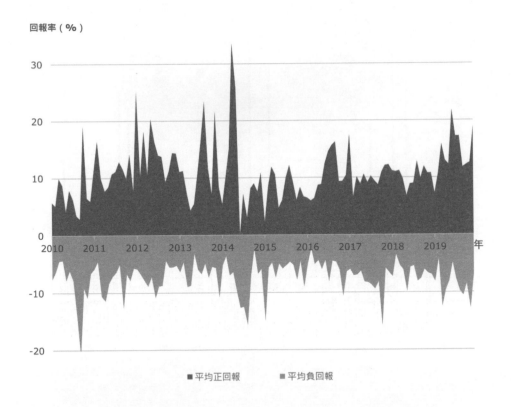

賠率／概率跟大市的正面關係

雖然這些數值是綜合在任何市況的結果，我也留意到賠率和概率跟大市有正面的關係。在升市的時候，即使隨機選擇股票，找到正回報的概率增加、獲得更高賠率也是非常合理的，篩選過後的股票當然也有類似的情況。透過觀察賠率和概率與大市回報的關係，會發現概率和大市的關係相對較高，而賠率的影響相對較少（以統計學的角度來看，判斷系數 R-square 是一個客觀的指標，當中賠率和概率的判斷系數分別為 0.22 和 0.56）。

圖表 2.58 概率與恒生指數的關係

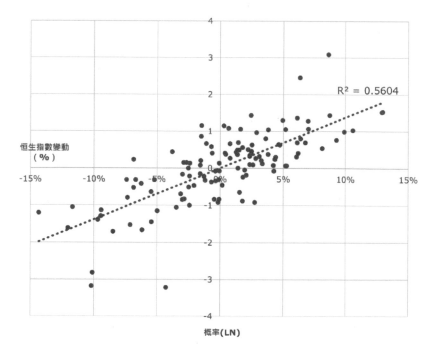

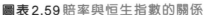

圖表2.59 賠率與恒生指數的關係

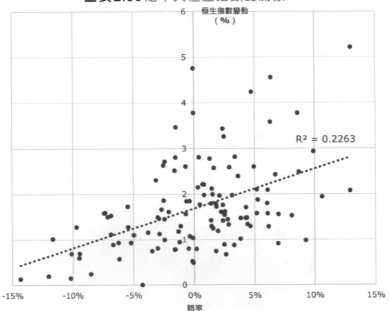

對於希望跑贏大市的投資者，我也特別做了以恒指為基準（取替零作為基準）的情況下，賠率和概率會否有分別。數據顯示，上升的概率減少了10%，但賠率只是減少了4%。綜合來看，篩選出來的股票有62%跑贏大市，贏的時候平均跑贏4.4%，輸的時候平均跑輸2.4%。

這也呼應為何專業投資者寧願把多點心思放到增加賠率上，而非受大市影響的概率上面。因為長線來看，適時進出市場（Timing the market）並非容易持續地成功，但篩選出高賠率的投資機會卻是能持之以恒的事。

為此我們也參考了「季度營收增長高於40%」和「年度銷售增長高於30%」的基本數據和以大市為基準的分別：

- 「季度營收增長高於40%」整體的表現不太受大市影響，穩定性較高，但賠率相對其他兩個篩選條件較低。

- 「年度銷售增長高於30%」賠率相對其他兩個篩選條件最高，但選到跑贏大市的股票的概率較低。

- 總括來看，三個篩選條件獲得「期望值>1」的機會率都在60%至70%，算是非常不錯。

圖表2.60 綜合回報結果

年盈利增長40%以上（相對0）	>1 次數	<1 次數	佔比
概率	71	49	59%
賠率	92	28	77%
期望值	82	38	68%

年盈利增長40%以上（相對恒指）	>1 次數	<1 次數	佔比
概率	59	61	49%
賠率	87	33	73%
期望值	74	46	62%

年盈利增長40%以上	次數	額外回報
跑贏指數	74	4.4
跑輸指數	46	-2.4

季盈利增長40%以上（相對0）	>1 次數	<1 次數	佔比
概率	65	52	56%
賠率	78	37	68%
期望值	74	41	64%

季盈利增長40%以上（相對恒指）	>1 次數	<1 次數	佔比
概率	66	53	55%
賠率	83	36	70%
期望值	77	42	65%

季盈利增長40%以上	次數	額外回報
跑贏指數	78	5.3
跑輸指數	42	-3.8

年銷售增長30%以上（相對0）	>1 次數	<1 次數	佔比
概率	69	51	58%
賠率	98	22	82%
期望值	82	38	68%

年銷售增長30%以上（相對恒指）	>1 次數	<1 次數	佔比
概率	54	66	45%
賠率	97	23	81%
期望值	77	43	64%

年銷售增長30%以上	次數	額外回報
跑贏指數	77	4.3
跑輸指數	43	-2.5

深入
分析漲勢

基本催化劑

甚麼是催化劑?催化劑是指任何導致股價大幅升跌的消息或事件,由於所有消息或事件對股價都有某程度的影響,所以只有對股價有顯著影響的才算是催化劑。催化劑主要分為硬性和軟性:硬催化劑是一些和公司有直接關係的消息,例如收購合併、新產品新科技和其他公司內部的事件;軟催化劑是一些公司以外的環境改變,例如政策改變、資金流動等。

根據定義,催化劑是指「刺激或加速改變的媒介」,所以催化劑不一定是發生改變的原因,而是加速將會發生的事情。舉個例,市場認為有一隻股票在今年以內會升$12,那麼股價會平均每一個月升$1嗎?不一定的,除非市場對這股票的關注度平均分布到全年的每一個月份,否則很有可能在沒有受到關注的時候,股價一開始甚至會慢慢向下。直到催化劑出現時,才有大量的投資者同時對該股票產生興趣。在這情況下,股價有機會短期急升$12或甚至更多。而在熱潮過後,市場的關注度逐漸減少,股價也已經到達合理的水平後,因此回復到小幅波動的情況。

很多投資者都需要原因去作出買賣決定，而催化劑能把比平時更多的投資者同時帶到這隻股票面前，無論是長中短線的投資者，催化劑事件能把它們集中在一起，對該事件透過高成交作出股價大幅波動的反應，製造向上或向下突破的機會。

研發新產品

推出新產品或服務算是最簡單直接影響競爭力的催化劑，但從概念階段開始、到研究和開發、再到如何推出市面和獲取盈利，一項新的產品或服務中間經歷很多階段。投資者對各行業的新產品到達哪個階段才算關鍵性的成功，是有不同的看法：

以創新藥為例，關鍵是產品本身的獨特性，只要能相對前人以更優質的方法治療疾病，相信不怕沒有市場。因此投資者非常看重研發的過程，即使在沒有盈利的前期階段，對於治療效果顯著的創新藥，他們也願意投入資金。

至於比較普遍的消費類產品，新穎的概念多不勝數，關鍵在於企業團隊的執行能力。由於這些消費品的「技術含量」相對較低，產品之間的差異性不足，所以投資者通常在看到公司能否成功定立盈利和現金流模式後，才決定是否投資。

例如康方生物（9926）核心自主研發、全球首創的新型腫瘤免疫治療新藥AK104，擁有PD-1/CTLA-4的雙抗特性。在2020年12月，在全球範圍上未有同類產品的情況下，康方公布AK104展示出它具有良好的安全性和有效性，已被納入突破性治療藥物品種，因此有望成為全球首款獲批上市的PD-1 雙特異性抗體新藥。和單抗相比，雙抗在研發、生產和臨床各方面都有更高的技術壁壘，因此AK104的成功為康方的股價打了一支強心針，讓股價在兩個月內翻了一倍。

圖表3.11 康方生物（9926）股價走勢

企業轉型

一間公司的競爭力不會永遠持續，隨着行業發展、新對手加入，當中的優勢有機會慢慢流失，企業管理人必須不時審視企業客觀的情況，在競爭力不足的地方，尋找改進的辦法；在未開發的地方，想像其他創業者或對手會如何佔據，務必捷足先登。

雖然不是所有轉型的公司都會成功，但經歷改革成功後的公司，都有機會出現第二次的高速增長，投資者在公司轉型途中，做足研究了解當中的機會和風險，投入適當的資金。若果公司轉型的速度太慢，或轉型的結果和預期有出入，公司的發展有機會一沉不起，投資者必須及時抽身。

呷哺呷哺（0520）是一間源自台灣的火鍋快餐連鎖店，一直以來我對呷哺呷哺的印象都不太好，是因為它的價錢和質素是比較「平民」的，而我和朋友在國內找火鍋店的時候，為免有水土不服的問題，傾向找質素較好的店舖，例如海底撈是其中一個選擇。相信由於質素問題，它的生意和股價也一直在海底撈（6862）後面。

但後來有內地朋友介紹我到新開的湊湊鍋，裝修和服務在我看來甚至比海底撈優勝，而且它的鴨血和手搖茶非常美味，心想「若果它上市，絕對值得投資」，經過研究後才發現原來它是呷哺呷哺最新發展的第二品牌，而同時間呷哺呷哺也在提升自身的品牌，讓整間公司的品牌推向更高端的位置。轉型後的呷哺呷哺隨着湊湊鍋的佔比不斷提升，從圖表3.12可見，股價重新展開大升浪。

圖表 3.12 呷哺呷哺（0520）股價走勢

股價（港元）

管理層改變

管理層的質素是決定公司成功與否的關鍵條件，因為他們負責定立和執行公司的目標和方向、妥善使用公司的資源、建立各方面之間的平衡。有很多有遠見和執行力的管理層，能把公司推上去更高的水平，蘋果的喬布斯和特斯拉（Tesla）的馬斯克都是大家熟悉的例子。但是管理層的質素並不是能夠量化的項目，我們只可以透過理解他們的見解，處理危機的方法，去判斷質素的好壞。

我們希望看到管理層表現出理性的判斷力，有積極向上的心態，不懼怕挑戰現狀，而且持續思考下一個改革的可能性。相反有些家族企業或綜合企業成立了很長的時間，管理層都較為安於現狀，缺乏了繼續向上突破的心態，甚至當有一部份的業務逐漸被新成立的公司打擊或取替，也缺乏了還擊之力，這些則是響起危機的警號。

閱文（0772）在2020年4月，出現了管理層大換血，多位高管同時「榮休」，引發了行業的巨大迴響，因為大家都不清楚付費網絡文學行業的前景如何。閱文的前管理層可算是中國網絡文學的始祖，他們奠定了付費網絡文學的行業格局，例如按章節收費的設計。

接任的新團隊是騰訊副總裁、騰訊影業首席執行官程武，以及騰訊移動商業產品部總經理侯曉楠等人。市場因此產生期望，相信新團隊會透過接入騰訊的生態圈而產生協同效應，讓閱文在創新和技術方面有新的發展，及加強影視、動漫、遊戲內容的合作。從圖表3.13可見，閱文的股價亦更換管理層起脫離了長期的下降軌道，在少於一年的時間裏翻倍。

圖表3.13 閱文（0772）股價走勢

股價（港元）

平安好醫生（1833）的情況則剛剛相反，在2020年5月，股價正在不停創新高的途中，當時的董事長兼首席執行官王濤突然被免職，而公司董秘、首席運營官、首席產品官、首席技術官也被全部免職，由平安集團指派的新管理層接任。

被免職的都是王濤昔日在阿里巴巴的下屬，但我們在這裏不深入探討當中「平安系」董事會和「阿里系」核心管理層的關係，因為外人無論如何也不會清楚當中的真實情況。總之從那時開始，雖然新的管理層提到公司的戰略方向不會有重大改變，市場對平安好醫生的信心開始轉變。投資者寧願選擇同行的阿里健康、京東健康，導致平安好醫生的股價走勢和同行越走越遠，可見於圖表3.14。

圖表3.14 平安好醫生（1833）股價走勢

收購合併

收購合併（M&A）一詞是泛指一間公司和另外一間相連在一起的過程。
在收購中，一間公司會直接獲得另一間大部份的股權，被收購的公司不
會改變其法定名稱或結構，但卻歸於新的母公司所擁有；合併則是把兩
間公司連在一起，隨後以一個全新的公司名稱組成一個新的法律實體
（legal entity）。

收購合併的重點是希望在結合雙方之後獲得協同效應，讓合併後的利益
和市值相比分開的情況高，達致1+1=3的效果。雙方的協同效應可以

來自很多範疇：減低整體成本、減少競爭、較易獲得資金、科技上的交流、讓產品更多樣化、增加客戶群等，雖然看起來有很多有利之處，但通常不少收購合併後的公司都面對着很多磨擦，沒有想像中那麼順利。

雅生活服務（3319）在2019年9月收購了中民物業及新中民物業60%的股權，以不超過5億元獲得合計2.9億平方米的管理面積，多於雅生活原本的2.1億平方米，收購的對應市盈率為12.5倍，遠低於當時物管行業市場平均30倍的市盈率。

這個「蛇吞象」的交易，除了讓雅生活獲得低估值的業務外，更能透過協同效應提升收購後的整體估值：由於雅生活在收購前的業務有不少部份是低估值的外延增值服務，收購中民物業使整個業務分布變得更平均，讓市場把雅生活和其他物管公司看齊，拉近兩者之間的估值距離。

圖表3.15 雅生活服務（3319）股價走勢

重組

企業重組是指在企業的資產、債務、控股關係、管理結構上作出改組和整合，透過優化資源的配置，充分利用現有的資源，藉此改善公司的管理狀況和競爭能力。由於市場聚焦的行業和主題經常轉變，相應的估值也會因應潮流不停改變，若要創造最高的企業價值，可以透過重組增加投資者對該公司的理解和興趣。

海爾智家（6690）是一個很好的例子，它是由 H 股的海爾電器（1169）（在 2020 年 12 月完成私有化）和 A 股的青島海爾（A 股編號：600690）重新組合而成，其後在香港、中國和德國上市。

在重組之前，海爾集團的業務分布不太清晰：當時 H 股的海爾電器負責製造洗衣機和熱水爐，而且集團的物流和銷售也放到 H 股裏面；A 股的青島海爾則負責製造雪櫃、冷氣機和廚房用具，也包括集團的研發和規劃生產力。對於投資者，由於難以跟同行作比較，這種持股的架構一直抑壓着海爾集團的估值。

在重組之後，海爾智家把所有家電的業務聯合起來，還提供智慧家庭場景的解決方案，這樣的集團架構較為精簡，除了減少關聯交易的問題，也讓投資者更易理解。此外，海爾更把過去數年所收購的國外品牌放入其中，包括日本三洋電機的白色家電業務、美國通用電氣的家電業務、紐西蘭的 Fisher&Paykel、意大利的 Candy。這樣的重組讓一間原本只有數樣產品的本地品牌，升級至產品覆蓋面廣闊的國際品牌。

重組後的海爾智家的總市值大約在2000億人民幣，身為「產品覆蓋面廣闊的國際品牌」，相對國內同行美的（A股編號：000333）和格力（A股編號：000651）的7000億和4000億市值，有很明顯的估值偏差，有可觀的估值修復空間。

圖表3.16 海爾智家（600690）股價走勢

股價（人民幣）

分拆上市

對於一些傳統行業或綜合企業，由於它們資產和盈利的基數較高，即使發展新的業務，也難以為整體業務提供可觀的增長。

試想像，如果一間市值1000億元的綜合企業發展了市值100億元的新業務，而這個新業務有30%的增長，對於整體業務只是提供了3%的額外增長。

透過分拆上市，企業能把高增長的業務從整體抽取出來，吸引市場的資金，從而獲取更高的估值。雖然羊毛出自羊身上，理論上分拆前後的總估值應該不變，但市場對高增長的中小型企業比較願意提供有溢價的估值，因為市場對它們的增長和發展空間更有期待。上市公司的管理層也明白市場的心態，所以即使分拆上市需要給中介一筆花費不少的上市費用，但市場提供的估值溢價有足夠誘因驅使它們分拆。

以物業管理行業為例，它們都是從傳統的房地產行業分拆出來。當然有某部份中小型內房企業在高負債的協助下，能製造出中短期的爆發性增長率，但內地政府始終希望「房住不炒」，所以長遠來看，內房行業整體是一個高基數低增長的行業。

中海物業（2669）和綠城服務（2869）是最先被分拆出來的物管，一開始市場對物管的生意模式不太認識，但隨着投資者開始了解當中的高增長率和高確定性，市場便開始賦予這行業較高的估值。隨後其他內房企業也逐漸意識到，原來自己的業務隱藏着滄海遺珠，因此逐一分拆上市，希望在這潮流上分一杯羹。在初階段分拆出來的物管，上市後普遍也獲得不錯的升幅，到後來物管企業的數量越多，投資者也開始變得揀擇。有些大型內房企業在宣布或正式分拆前，市場已經為它們裏面的物管業務作出有溢價的估值，導致分拆上市後的估值上升空間減少。

回歸A股

雖然A股與H股對應着同一間公司,但由於之間沒有直接套利的通道,A股和H股一直以來也有估值上的差異:

1) AH股在投資者的結構上有分別,A股以個人投資者為主,而H股則以海外投資者和本地金融機構的投資者為主。

2) 投資的理念也不盡相同,A股投資者較多投機,較為着重動量交易,追逐熱炒股,導致估值模式相對凌亂;H股投資者以價值投資為主,通常使用國際化的估值模式。

3) 中港兩地的稅收制度有分別,香港的稅率是固定的,但內地的稅率會根據持有期的長短而不同,所以若果長期持有同一間公司的AH股,兩者之間的回報率是有分別。

當H股的公司回歸A股上市,由於A股投資者對估值有新的看法,有機會對現時H股的估值造成衝擊。

中芯國際(0981)上市多年,一直以來都是香港加美國的上市模式,到後來中美展開貿易戰,中芯在2019年5月從紐交所退市,在2020年6月申請在內地科創板上市,從申請到通過只是用了19天,股價在一個半月內升幅高達150%。值得留意的是中芯可能是比較極端的例子,因

為當中涉及不少政治因素，讓國內的投資者認為政府會不惜一切地支持國產的芯片行業，導致H股在明顯的估值差距下，製造了股價大升的空間，其後同期回歸A股上市的君實生物（1877）和康希諾生物（6185）也沒有這麼誇張的升幅。

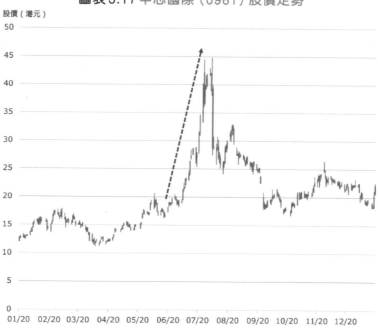

圖表3.17 中芯國際（0981）股價走勢

政策因素

對於一個行業的發展，國家的政策佔了分析其基本面的一個重要部份。政府可以透過政策將資源分配給合適的行業：對於支持的行業，可以透

過稅務優惠、減低借貸成本、補貼、鼓勵投資、加快審批、臨時保護措施等去刺激該行業的發展；相反對於不支持的行業，可透過收緊信貸、限購、甚至收取額外收費等去限制該行業的發展。

中國制定政策的能力隨着時間越來越精準，過去「大水灌溉」和「一刀切」的情況已經不再出現，取而代之的是比較精準的調控。以內房為例，以前當貨幣政策比較寬鬆的時候，內房企業便會大舉借貸做投資，希望把企業盡快做大做強，甚至有些不夠實力的公司也強行借貸做投資，對日後的行業發展構成問題。現在的房地產政策已細分至省縣的程度，每個地方的限購、借貸限制、銷售方法等都不盡相同，甚至最近的「三條紅線」，把內房企業透過財務健康狀況分類，控制他們融資的規模。

118　比亞迪（1211）在2020年的大升，除了特斯拉熱潮推動需求和電動車在電池科技上的突破外，中國全力支持電動車行業的政策也是其中一個有力的因素。

國家主席習近平在2020年5月提出發展新能源汽車是邁向汽車強國的必經之路。從那天開始，各地方政府對新能源汽車的推廣都進入提速階段，對新能源汽車的補貼標準、稅務優惠、號牌政策不僅落地性強，支持力度也是前所未有的。其後在2020年11月，國務院發佈的「新能源汽車產業發展規劃（2021-2035年）」，提出到2025年，新能源汽車銷售要佔汽車新車總銷量約20%，加大了國家政策偏向新能源汽車的確定性。

圖表3.18 比亞迪（1211）股價走勢

股價（港元）

機構投資者入股

機構投資者普遍是指一些控制大量資金的機構，例如互惠基金、退休基金、保險公司等。他們需要為自己的客戶選擇和投資合適的股票，通常被認為是推動市場供求的主要力量。由於機構投資者都擁有一支經驗豐富的分析師團隊，跟上市公司有直接交流的機會和大量的市場數據，可以透過這些資源進行深入的分析，因此他們通常都被市場視為「聰明資金」。

雖然有時候一些明星機構投資者在一段時間內擁有點石成金的能力，但這不等於機構投資者所參與的股票也必然獲得好回報。這是因為機構投

資者的資金來源有不少來自大眾市民,當他們購入不同種類的基金後,機構投資者便會被動地把資金投放在篩選過後的股票。

在大市強勢的時候,即使大部份股票變得昂貴,只要大眾市民不停投入資金,機構投資者也會被迫將新加入的資金投入股票市場;相反在大市弱勢的時候,明明是很好的長線投資機會,但在客戶提取資金的情況下,機構投資者有要被迫沽出手頭上的股票,他們可以做的只是在每一個時間點裏尋找相對值得投資的股票。

以2020年為例,國內的高瓴資本和國外的方舟投資(ARK Investment Management)所投資的股票成為了本地投資者積極參考對象,凡是他們投資的股票,大部份的股價在公布過後也能獲得顯著的升幅。在2020年10月,方舟投資增持了移卡(9923),消息公布後,移卡的股價在基本業務沒有大改變的情況下,在短短一個月大升了一倍。

圖表3.19 移卡(9923)股價走勢

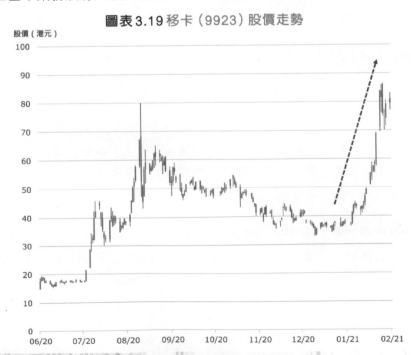

香港獨有催化劑—「北水」

相比前章所提及的各類催化劑,「北水」是香港獨有的催化劑,而且它的重要性越見明顯,因此值得我們深入探討這個高確定性、影響力大的催化劑。

內地資金南下買港股

甚麼是「北水」?在2014年底,內地和香港攜手建立了股市互聯互通機制,打破了過去兩地投資者不能直接買賣對方股票的情況。當中包括的滬港通和深港通,是指港交所分別與上交所和深交所互聯互通的部份。

「北水」是指內地資金,透過滬港通和深港通「南下」買入香港股票;「南水」是指本港資金,透過滬港通和深港通「北上」買入內地股票。

對於內地投資者,港股通的主要吸引力在於能夠以人民幣直接和證券公司

進行交收。由於當中不涉及人民幣出入境，因此投資額不受外匯管制的額度影響。他們可以直接使用內地的普通股票戶口進行交易，在毋須到香港開戶的情況下，進行分散的資產配置和尋找額外的投資機會。

短期而言，北水流入增加了整體的成交量，佔港股成交金額比例不斷提高，提升至三成左右；長期來看，相比外資流入A股，北水流入港股的規模更大、而且更穩定和具持續性，可以預計未來北水將加速影響港股的定價權，導致港股估值模式開始向A股傾斜。

北水持續流入 穩定兼具規模

有不少香港投資者透過參考北水最近的喜好，決定短期追入甚麼股票。最常參考的是港交所每天公布的「十大成交活躍股」，認為北水買入最多的股票會上升，沽出最多的股票會下跌。其實北水流動和股價升跌的關係並沒有這麼直接，我們應該先理解北水的投資方法再作判斷。

增長型投資法：

由於香港的監管更為寬鬆，內地最優質而且最能受益於經濟轉型的公司都聚集在香港市場，當中包括TMT（電訊、媒體和科技）、創新醫藥、物業管理、新興消費、博彩業等。對於佈局國內經濟發展的內地資金，這些在香港上市的稀缺性資產是整個拼圖所缺少的一塊重要部份。

參考中國每個行業的龍頭公司，內地前二十大科技龍頭公司有接近三分之四的市值僅在香港或在港美同時上市，相比80%的消費龍頭公司只在A股上市，或金融/周期行業大部份公司都在中港兩地上市，因此這些具增長力的科技龍頭都是內地資金爭先恐後追逐的。

價值型投資法：

對於國內價值型的投資者，他們是以一個較長線的投資思維為基礎，因此較少理會短期的股價波動，而且擁有較強的持貨能力。若他們想投資的公司有AH股，參考AH股溢價上的分別，部份估值較低的港股性價比突出，成為資金南下的誘因。

透過回測將持倉市值和累計淨流入相減，可以分別得出南下資金一直以來的收益，結果顯示南下資金的浮動盈利一直徘徊在零的邊緣，但由於大部份所投資的價值股都有股息，股息部份成為了盈利的主要來源。

這兩種不同投資方法的假設，跟我在長期透過觀察北水進行實際操作時，顯得非常吻合。我留意到一些H股估值長期低於A股的價值型公司持續有北水流入，但股價持續低迷，可能是掉進了「價值陷阱」，也可能是資產

配置的長期佈局。一些個別事件對價值型公司所構成的短期股價壓力（例如短期盈利衝擊、國外資金強迫放貨），有機會獲得北水大力流入支持，抵銷短期衝擊，資金過後也不急着離開。

換手率是北水的關鍵

而最值得關注的是流入增長型公司的北水，大部份時間股價伴隨北水流入而上升，也伴隨北水停止流入或流出而作出調整。但是大部份增長型公司的市值較價值型公司低，市場對北水流入中小型增長公司的部份關注度較低（大型增長股是例外）。

以微盟集團（2013）為例，北水有三次顯著的流入情況，帶動了股價向上：

（12/2019 - 2/2020）持股佔比由2%升至11%，股價從$3.5升至$6，升幅71%

（5/2020 - 6/2020）持股佔比由10%升至21%，股價從$6升至$10，升幅66%

（12/2020 - 1/2021）持股佔比由20%升至26%，股價從$10升至$25，升幅150%

圖表3.21 微盟（2013）受「北水」帶動股價例子

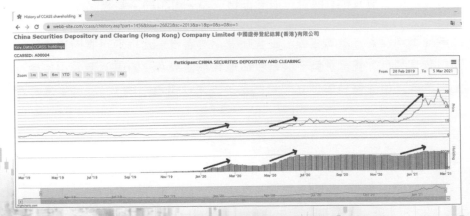

由於港交所的「十大成交活躍股」是以成交量作排行，大部份時間也是被高市值的股票佔據在這個排行榜裏面，因為大市值的公司通常伴隨着大的成交量。直覺來看，大成交量理應比小成交量更能推動股價，但這個想法忽略了資金的影響力並不是看絕對值，而是相對該公司的市值。

舉個例：同樣是10億元的買入資金，對於市值100億元和1,000億元的公司是有很大的分別。因為相對市值來看，10億元資金等同買入了市值100億元公司的10%股權，卻只是買入市值1,000億元公司的1%股權。

要看買入資金推動股價的能力，可以計算換手率（Share Turnover Ratio），基本計算公式為：

指定時間內的成交量 / 發行總股數 x 100%

更精準的計算方法，可以考慮自由流通的股數（Float Share，總股數減去交易受限制的部份），更能反映買入資金的相對影響力：

指定時間內的成交量 / 自由流通的股數 x 100%

用 Webb-site 追蹤北水

一般來說，新上市公司、規模較小的公司、增長型公司的換手率相對較高，因此更受北水資金流入的影響。要計算每隻股票的換手率，最正統的方法是到港交所的網站的CCASS系統（The Central Clearing And Settlement System，中央結算及交收系統）裏抽取所需數據，再自行進

行計算。筆者即使有彭博的協助和使用編程方法，也認為過程過於繁複，因此介紹較輕鬆的現成方法。

Webb-site.com是由香港著名獨立股評人David Webb創建，是一個非牟利的獨立網站，裏面Who's Who的數據庫擁有大量已整合的數據，供大眾免費查閱。當中獨家的Webb-site CCASS Analysis System，可以有系統地協助讀者計算出每天北水持股的變化，辨認北水影響港股的程度。

尋找北水流入個別股票的歷史數據

1）先進入https://webb-site.com，在右上方的「Stock code」裏面輸入想查閱的股票，然後按Enter。

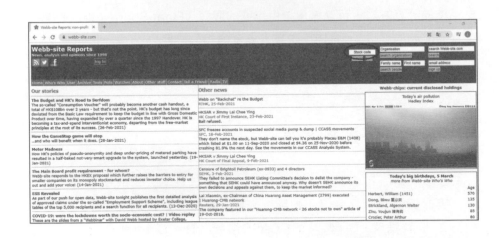

2）把網頁向下拉，在 Listed equities 的項目裏面，按下「CCASS」的選項，尋找該股票在中央結算及交收系統的數據。

3）在這裏可以查閱不同結算者持有該股票的數量，包括不少常見的投資銀行和經紀行，而我們想看的是該股票在「CHINA SECURITIES DEPOSITORY AND CLEARING」（中國證券登記結算有限公司）裏面的持貨。

中國證券登記結算有限公司有兩個 CCASS ID，代表着不同源頭的北水：A00003 是滬港通的持股，A00004 是深港通的持股。

按下「Stake %」一欄裏面對應着 A00003 和 A00004 的數字（圖中例子分別是「3.76」和「2.57」），可以找到北水透過滬港通和深港通持貨的歷史變化和股價的關係。

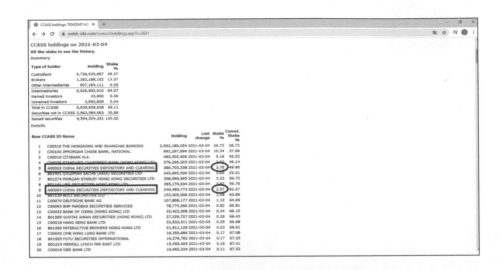

4）除了一圖看清北水持貨歷史，網站在下面的「Data table」詳細地列出

背後的數據，讓用家自行提取，拉到Excel進行更深入的分析。

尋找最近北水股票持股比重變化

1）先進入 https://webb-site.com，在左上方的「Who's Who」進入網站的資料庫。

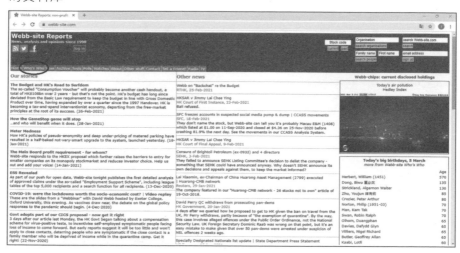

2）把網頁向下拉，在 Webb-site CCASS Analysis System 的項目裏面，按下「Shanghai-HK connect southbound positions」和「Shenzhen-HK connect southbound positions」的選項，可以分別獲得滬港通和深港通的整體持股情況。

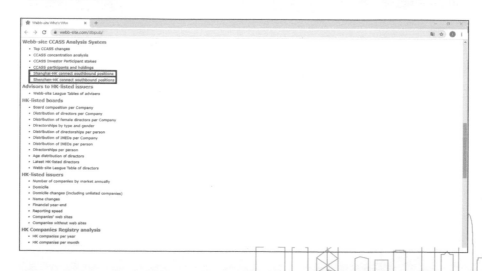

3）按下「Changes」，能得到最近一日的持股變化，用家可以更改開始和
結尾的日期，系統會計算出所選擇的時間範圍內的持股變化。

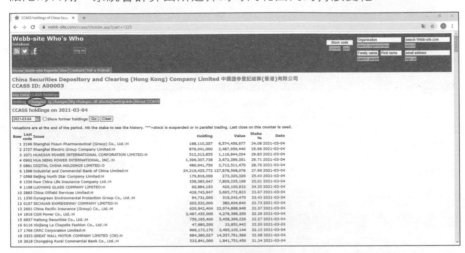

4）最後按下「Stake △ %」，系統會由大至小列出該時段內的持股變化，
再按一下則由小至大列出。

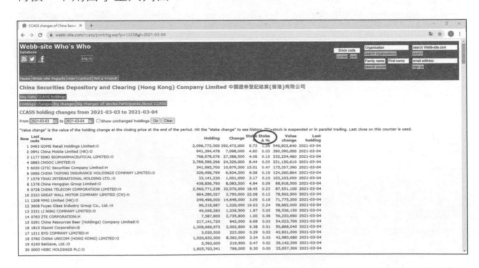

預先判斷北水流入哪些增長股

要預先判斷北水的被動資金有機會流入的增長股，除了認清哪些股票是國內具稀缺性的資產外，更需要理解北水南下的規則和時間點。

滬港通下的港股通股票範圍：

1.恒生綜合大型股指數的成份股

2.恒生綜合中型股指數的成份股

3.同時在香港聯合交易所、上海證券交易所上市的A+H股公司股票

深港通下的港股通股票範圍：

1.恒生綜合大型股指數的成份股

2.恒生綜合中型股指數的成份股

3.恒生綜合小型股指數的成份股（市值50億元港幣及以上的股票）

4.A+H股上市公司在聯交所上市的H股

恒生綜合指數每年會進行兩次的定期檢討，由於港股通一部份的股票範圍取決於恒生綜合指數，因此這兩次定期檢討是影響北水被動買入的主要時間點。恒生指數公司在每年的6月底及12月底作定期檢討，在兩個月內完成檢討工作，並在3月及9月的第一個星期五之後的首個交易日將調整生效。

對於新上市的大型公司，恒生綜合指數在定期檢討以外有兩種快速進入制度：1）符合恒生大型/中型指數市值條件的公司若果在每年的第一季或第三季上市，可分別在6月或12月的指數調整日提早納入恒生綜合指數；2）公司上市第一個交易日的市值位列在現有成份股的前10%，更能在上市後的第10個交易日納入恒生綜合指數。

三個中長線趨勢

由於中國使用有中國特色的社會主義，所以投資中國市場的時候，需要理解政府管理國家的思考路線，順着其思維以行，才不會逆水行舟。雖然在執行政策時，會因為市場情況而出現波動性，但一些中長線定下來的目標和計劃，並不會輕易改變。這是因為中國只有一個政黨，導致政策的連續性相比西方民主國家為佳，不會因為政黨的轉換，而將之前定下來的政策作出180度的轉變。

雖然各投資者對中長線的趨勢和影響力有不同的看法，筆者將自己的投資主要集中在三條主線，分別為：內循環、中國替代/創新和碳中和。從政策推行和政府支持的力度來看，這些主線的確定性很高，是未來五至十年的投資框架。

趨勢一：內循環

內循環的概念，是習近平主席在2020年5月的中國兩會期間提出，他認為「我們要把滿足國內需求作為發展的出發點和落腳點」，從而「逐步形成以國內大循環為主體，國內國際雙循環互相促進的新發展格局」。

要留意的是，內循環並不是把對外的門關起來封閉運行，而是希望把科技和消費的主導權搬回中國後，減少對外國企業、技術和市場的依賴，轉為依賴國內經濟，從而減少全球亂局下的外部衝擊，繼續讓國內和國外市場互相合作，受惠於外而不受制於外，在推動世界經濟持續增長的同時更為靈活主動。

內循環的想法，並不是短期應對美國的打壓和疫症的影響，而是應對長期以「外循環」為主的發展模式。中國自改革開放後，其製造業都處於「兩頭在外，大進大出」的經營模式，是指原材料和銷售市場都是放在國外，而這個模式的弊端在疫症和政治問題下表露無遺，因為需求和供應都有機會隨時被擠壓。

幸好隨着更多國內居民變得富裕，他們的消費能力和意願越來越高，有助推動內循環的發展，尤其是年輕一輩的中低線城市居民，他們更成為了新的消費增長引擎。

趨勢二：中國替代/創新

自從中國在2001年加入了世貿組織後，在短短10年內透過廉價的勞工，成為了全球最大的加工廠。但隨着中國的工資水平上升，廉價勞工的優勢逐漸被其他新興市場取替，所以不能再依靠「廉價加工廠」的發展模式，需要發展更高端的行業。

在2015年5月，中國國務院公布了「中國製造2025」的大綱，目的是希望透過支持高科技製造業，減少本土依賴國外高科技行業。雖然在爆發中美貿易戰後，美國對「中國製造2025」窮追猛打，其後中國政府也沒有再提及「中國製造2025」這個關鍵詞，但其實只是不希望挑起國際矛盾，政府的報告和行動仍然跟這個計劃有高度關係，對推動科技創新的投資力度完全沒有減弱的跡象。

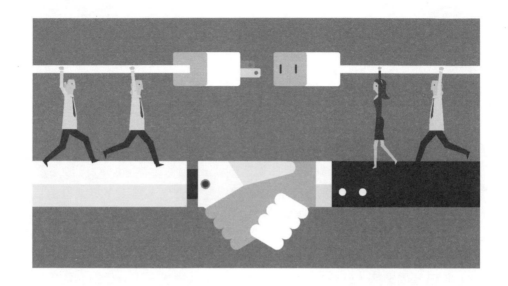

而中國的科技創新的確有後發的優勢，隨着每年有大量的大學畢業生和海歸的研究人員，中國的勞動人口逐漸從「廉價勞工紅利」轉變為「工程師／研究人員紅利」。有大量海歸的工程師和研究人員，帶着已發展國家的技術回國繼續研發，不但減低了研發成本和難度，更能通過規模巨大的市場和政府集中力量的支持，做出更符合中國人的產品，甚至有機會做出科技上的突破。

趨勢三：碳中和

「碳中和」是指一個國家的經濟活動所製造出來的二氧化碳，透過種植樹木、節能減排的方法，抵銷自身產生出來的二氧化碳，達至淨排放量為

零。要達到碳中和，主要是透過減少二氧化碳排放，和增加二氧化碳吸收。

科學家認為，二氧化碳持續增加將會構成嚴重的氣候災難，因此全球必須朝着碳中和的目標，才能有機會避開這場危機，而現時全球有60多個國家已經承諾將在2050年實現碳中和。

中國先在2015年的《巴黎氣候協定》，承諾會把二氧化碳的排放量在2030年到達頂峰，而在2020年的聯合國年度大會上，提出了更進取的目標，爭取在2060年前實現碳中和。

現時中國是世界上最大的二氧化碳排放國家，佔了全球排放量的28%。相比其他已發展國家，製造業佔了中國經濟的一大部份，因此碳中和的承諾代表中國經濟需要徹底轉型。

3.4 二十個受惠行業

筆者在定立投資策略時，通常使用由上而下（Top Down Approach）的方法：首先會研究中國經濟的整體趨勢，再以三條主線（內循環、中國替代 / 創新和碳中和）為基礎尋找合適的行業，然後從中再選擇行業裏最佳的公司。

三條主線下有各個受益的行業，也有行業同時受惠於不同的主線，可以透過文氏圖（Venn Diagram）把概念變得形象化：從圖表3.41可見，各行業被放到跟主線有關的圓圈裏，重疊在一起的部份代表同時受惠於不同的主線，當中一些灰色地帶需要先界定清楚：

1）「內循環」所包含的行業，在國內的銷售佔整體銷售90%或以上；

2）「創新」的行業，在專利競爭力、科學競爭力、研發投入、政府政策支持力度的綜合評分上，相對國外有一定競爭力。

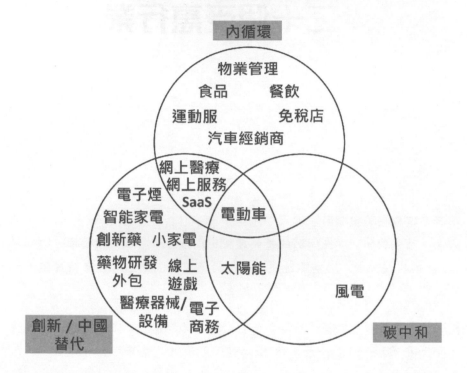

圖表3.41 三個趨勢下所覆蓋的行業

內循環

物業管理
食品　　餐飲
運動服　　免稅店
汽車經銷商

網上醫療
網上服務
SaaS
電子煙　　電動車
智能家電
創新藥　小家電
藥物研發　線上　太陽能
外包　　遊戲
醫療器械/電子　　風電
設備　商務

創新/中國
替代

碳中和

在研究一個行業或一間公司的基本面時，我通常會把它們當時最可取的論點在自己的筆記簿以三點列出，方便日後快速記起當初對該行業有高度信念（High Conviction）的原因。圖表3.42是二十個在不同程度符合三條主線的行業，而且處於增長階段的不同時期，主要都是我較為熟悉而且會投資的行業。

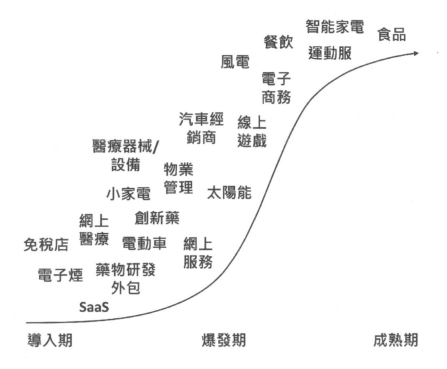

圖表 3.42 各行業生命周期

導入期　　　　　　　　　　　爆發期　　　　　　　　　　成熟期

受益於三條主線的行業

1）電動車

- 隨着電動車電池效率提升,近年續駛里程顯著提高;而且價格向下,因此電動車的成本低於內燃機車輛是大勢所趨。

- 中國在電動車的產業鏈比汽油車更強：除了車廠佔了30%至40%環球市佔率，電池生產和電池原料分別更佔了環球70%和80%的產量。

- 相比歐洲，具有類似規格的電動車在中國的售價低20%至60%，在成本優勢底下有機會拓展國外市場。

比亞迪股份（1211）：電動車行業的龍頭，其插電式混合動力車型佔據市場領導地位，更是全球領先的電池製造商，利用垂直整合模式運作，也為電動車埋下技術基礎。

恩捷股份（A股編號：002812）：國內鋰電池隔膜龍頭，而隔膜是四種鋰電材料中最有機會國產替代，公司客戶涵蓋了大部份電池生產商（如寧德時代和比亞迪），更有激進的擴產計劃。

受益於兩條主線的行業

1）太陽能

- 太陽能達成「市電平價」（Grid Parity），意思是太陽能的發電成本和一般市場電價看齊，不再依賴政府補貼

- 由於規模經濟的效益，中國的生產成本領先全球，同時太陽能的設備成本也在過往10年下降了80%

- 科技和技術上的創新（例如太陽能玻璃），提高了行業的進入壁壘

信義光能（0968）： 全球最大的太陽能玻璃製造商（30%市場分額），生產成本領先對手，受益於雙面模塊的開發。

福萊特玻璃（6865）： 全球第二大光伏玻璃製造商（20%市場分額），由於毛利率遠超二三線廠商，公司將更多資源投放在光伏玻璃業務。

隆基股份（A股編號：601012）： 全球生產規模最大的單晶硅製造商，業務包括單晶硅棒、硅片、單晶電池片以及高效單晶組件，在光伏供應鍊有一定影響力。

2）互聯網服務（外賣、預訂酒店/機票）

- 中國在用戶數量、商戶覆蓋量、訂單量、運輸網絡處於領先地位

- 高頻的生意模式加上完善的支付系統提供了交叉銷售（Cross Selling）的機會

- 5G、優化數據路徑、非接觸式支付、自主交付等科技創新將促進長期增長動力

美團（3690）： 國內領先的生活服務電子商務平台，擁有美團、大眾點評、美團外賣等App，服務涵蓋餐飲、外賣、新鮮零售、打車、共享單車、酒店旅遊、電影等

3）互聯網醫療

- 能協助解決醫療資源在地理分布嚴重不均，而且缺乏有效分層系統的問題。

- 獲得政策上的支持，合法化在線銷售處方藥，讓互聯網醫療機構納入醫保報銷範圍。

- 透過和實體醫院合作，共同建立互聯網醫院，達致真正的在線診斷治療，再從中分成。

京東健康（6618）： 國內最大線上醫療健康平台，致力建設完整的「互聯網＋醫療健康」產業生態，銷售自營業務醫藥和健康產品，更擁有自家的物流團隊，增強整體用家體驗。

阿里健康（0241）： 阿里巴巴的旗艦在線醫療保健電子商務平台，更提供藥物追蹤服務，透過與支付寶在建立數字醫療咭系統，積極與政府和公立醫院合作擴展服務範圍。

平安好醫生（1833）： 提供在線醫療諮詢服務，擁有平安集團在科技及大數據方面的優勢，服務包括家庭醫生服務、保健服務、健康商城、健康管理服務。

4）SaaS

- 商家和消費者的付費意識在逐步提升，中國的SaaS還處於早期，有機會追上全球SaaS的增長步伐。

- 國家政策鼓勵企業「上雲」，作為新基建的重要部份，而各大企業也逐步增加對國產軟件的採購力度。

- 隨着傳統電商的增速放緩，加上社交類型的電商興起，電商型SaaS為商家在去中心化的時代搭建新的渠道。

微盟集團（2013）： 中國中小企雲端商業及營銷解決方案提供商，也是微信的中小企業精準營銷服務提供商，主要圍繞電商、零售、餐飲、本地生活和旅遊五個終點行業。

中國有贊（8083）： 主要業務為電商平台SaaS產品和服務，包括微商、小程序、直播、分銷，另外亦涉及貿易和第三方支付的相關服務。

金蝶國際（0268）： 主要開發及銷售企業管理軟件，以及電子商務應用軟件，近年把ERP服務轉型之雲服務（蒼穹雲、星空雲），並向客戶收取訂閱服務費用。

明源雲（0909）： 主要為內房企業提供軟件解決方案，前百強內房有95間為公司SaaS產品的客戶，而內房對數碼化的要求下，有助持續提升ERP軟件的需求。

受益於一條主線

1）汽車經銷商

- 售後市場將是新的增長動力，所佔據的盈利比重越來越高，而且毛利率較佳。

- 高端經銷商的客戶留存率較高，將繼續佔據市場。

- 由於電動車的結構和傳統車不同，對經銷商的依賴較少，但不排除電動車生產商會把一部份的業務外判給經銷商。

中升控股（0881）：平治（Mercedes-Benz）和凌志（Lexus）在中國地區的領先經銷商，透過銷售網絡的集中度和消費升級有利現時的價格優勢。

2）運動服

- 年輕人掀起一場熱衷國內品牌的「國潮」風氣，給老牌國貨注入新的成長動力，也成就了一些新起的本土品牌。

- 品牌多元化，透過收購合併發揮槓桿優勢和協同效應。

- 增加DTC（Direct-to-Customer）的模式，直接透過自己的官方渠道，減少對中間人的依賴。

安踏（2020）：國內第一大運動服製造商，使用多品牌策略（安踏、Fila、Descente、Kolon、KingKow和Sprandi）挖掘廣泛的客戶群。

李寧（2331）：國內第二大運動服製造商，透過獨特的中國風設計、廣告和店面形象，讓「中國李寧」的品牌價值不斷提高知名度。

申洲國際（2313）：亞洲最大的一體化成衣企業，擁有研發（超過800項專利）、設計、生產和物流營運體系，主要為四大品牌代工，包括Nike、Uniquo、Adidas和Puma。

3）電子煙

- 電子煙已成為了一種創新的電子消費產品，在全球範圍內越來越流行，需求不斷提升。

- 各大煙草巨頭透過電子煙尋求突破，提出電子煙具有明顯的減害性，減低煙草行業下滑趨勢的影響。

- 雖然電子煙的滲透率偏低，但市場上已呈現比較明顯的寡頭壟斷格局（Oligopoly）。

思摩爾（6969）：全球最大的電子霧化設備製造商，客戶包括全球煙草巨頭和電子煙品牌龍頭，在先發優勢和知識產權保護下擁有霧化科技的技術壁壘。

4）風電

- 相比其他發電模式，電網公司優先使用風能發電，而且中央政府在解決新能源的補貼赤字，風電在收回補貼的次序排名較高。

- 隨着儲蓄電能的技術持續進步，從根本改善了天然環境風力穩定性不高的問題。

- 中國啟動全國性碳排放交易市場，風電所獲得的碳信用（carbon credit），將成為有金融價值的稀缺資產。

金風科技（2208）： 國內最大風力發電機組及風電零部件製造商（超越30%市佔率）其直驅永磁技術屬全球領先水平，也從事風力發電業務，其中30%產量位於新疆。

5）創新藥

- 政策鼓勵創新藥，包括加速創新藥審批過程、醫保目錄談判和調整、加速創新藥上市後快速放量等。

- 代理國外創新藥能快速擴充產品管線，是奪取國內市場的捷徑；隨着測新藥製造能力快速提升，與國外企業的合作模式不斷擴展，也逐步向海外市場申報。

- 中國日益成熟的生物技術以PD-1/L1為主，其次是抗體偶聯藥物（ADC）和雙特異性抗體（BsAh），CAR-T和基因治療也在快速興起。

信達生物（1801）：國內領先的生物科技公司，致力開發、生產和銷售用於治療腫瘤、自身免疫系統、代謝疾病的創新藥，具有強大的研發和商業化能力。

百濟神州（6160）：處於商業階段的生物科技公司，擁有強大的創新渠道，專注研發癌症創新型分子鏢靶向及免疫系統藥物，其自主研發產品在中國和美國進行銷售。

6）醫療器械／設備

- 中國正在減少對進口高端醫療耗材的依賴（外資佔了70%），尤其是通過大量採購招標等政策。

- 高端醫療成像和放射設備的技術仍然明顯落後國外，政府有機會落實政策，鼓勵醫院選擇國內品牌。

- 雖然國內的醫療器械產品以中低端為主，但領先的企業的研發和技術也在逐漸追上發達國家的水平。

微創醫療（0853）：擁有多個醫療器械業務在同時發展，包括心臟瓣膜、神經介入、外科醫療器械、手術機械人等，業務的技術壁壘頗高，同時在侵蝕外國企業的市場份額。

海吉亞醫療（6078）：國內最大型的私人癌症醫療服務機構，擁有10家醫院和15家第三方放射治療中心，行業市場領導者，具有可發展的商業模式。

7）物業管理

- 輕資產營運模式，能見度高的經常性收入帶出高盈利增長和營運現金流入

- 增值服務（Value Added Services）有巨大的增長潛力，透過橫向整合帶來規模經濟的效益。

- 數位化的智能社區能降低人工成本、提高服務效率，並增加客戶滿意度

碧桂園服務（6098）: 由碧桂園分拆上市，為住宅、商業物業、寫字樓、多功能綜合樓、政府及其他公共設施提供物業管理服務和社區增值服務。

華潤萬象生活（1209）: 由華潤置地分拆上市，提供商場營運（主要為萬象城及萬象滙提供服務）和住宅物業管理服務。

8）智能家電

- 中國消費者對科技有更高的接受程度，支持智能家電的普及化，每戶智能家電的數量未來十年會增加五至十倍

- 由於中國消費者伴隨着互聯網發展成長，他們相對國外不太關心私隱問題

海爾智能（6690）: 中國龍頭電器品牌，擁有多個國外品牌（日本三洋機電、美國通用電氣、紐西蘭Fisher&Paykel、意大利Candy），形成一站式全場景智慧家庭解決方案

小米集團（1810）：中國領先的智能設備製造商和移動互聯網公司，透過智能手機獲取市場份額和活躍用戶群，以互聯網服務從用戶群獲利，透過AIoT鞏固硬件平台和增強用戶黏性。

9）小家電

- 一人家庭的佔比在過往十年增加了10%，增加了一人用的小家電的需求。

- 透過挖掘消費者對增加生活品味的訴求，一些非傳統的家電（豆漿機、加濕機、光波爐）逐漸受歡迎。

- 社交電商的崛起帶動小家電渠道向線上發展，大大降低企業成本。

JS環球生活（1691）：旗下品牌推出各種創新產品，包括九陽（豆漿機、破壁機、營養煲），Shark（蒸氣拖把、掃地機械人），Ninja（氣炸鍋、咖啡機）。

10）免稅店

- 透過放寬政策（尤其在海南），把奢侈品消費拉回國內市場。

- 免稅店的購物模式，很適合對商品格價和促銷活動敏感的中國消費者，更能節省旅遊時的購物時間。

- 免稅行業是特許經營行業，經營牌照和零售牌照都稀缺。

中國中免（A股編號：601888）：擁有經營免稅店牌照的營運商，其市場份額在三次收購後達到95%的壟斷情況，主要深耕海南市場，同時佈局海南以外城市的免稅店。

11）線上遊戲

- 隨着中國居民收入增加，他們更願意支付給高質的內容，整體在線娛樂的支出增加。

- 5G、雲遊戲、VR/AR將會帶來全新的增長動力。

- 中國的遊戲質素提升，有能力向海外擴張，而且初見成效。

騰訊控股（0700）：主要提供增值服務（互聯網及移動平台提供的網絡/手機遊戲、社區增值服務），網絡廣告，支付相關服務和雲服務。

網易（9999）：國內領先的遊戲開發與發行公司，一直處於網絡遊戲自主研發領域的前端，也是國內最大的電子郵件服務商，並擁有電商品牌、在線音樂、在線教育平台。

12）電子商務

- 三四線城市消費新世代，在低生活成本和不太關心為未來提前儲蓄的前提下，貢獻了大部份的消費支出增長，突顯中小城市消費者的重要性。

- 領先的電子商務平台在持續尋找新的電子商務模式，例如社區團購、實

時線上直播、自選遞送服務、用戶直連製造商。

- 新鮮食品一直是電子商務的投資重點，疫症鼓勵了消費者話在線購物擴展到雜貨甚至新鮮食物範疇。

阿里巴巴（9988）： 擁有核心電子商貿平台「淘寶」及「天貓」，第三方支付「支付寶」，以及其雲計算業務「阿里雲」在國內有領先規模，將是未來的主要增長引擎。

京東集團（9618）： 國內自營式電商企業，配有全套物流基礎設施，旗下的京東商城是中國B2C市場最大的3C網購專業平台。

13）藥物研發外包（CRO/CDMO）

- 隨着藥物發現和開發變得越來越昂貴、費時和困難，藥物研發外包成為了新趨勢。

- 藥企為了符合國家對創新藥的偏好，CRO降低了它們前期成本和資本支出，提供專業技術上和法規上的支持。

- CRO的優勢在於承擔最少研發風險下，有機會獲得獲批產品的增長潛力。

藥明生物（2269）： 國內生物製藥CDMO的絕對龍頭，擁有全產業鏈提供一站式的外包服務，超過一半員工有在頂級跨國公司多年工作經驗，持續增大產能應付源源不絕的訂單。

藥明康德（2359）： 國內最大的化學藥CDMO，為全球生物醫藥行業提供全方位、一體化的新藥研發和生產服務，通過高性價比和高校研發服務，推動新藥研發過程，提升研發效率。

14）食品

- 在普遍消費升級的前提下，有的願意為高品質商品付出昂貴的價錢，有的時刻追求最高的性價比。

- 有健康意識的消費者在增加，尤其在一線城市最為明顯，增加了相關產品的支出。

- 數字化讓品牌在線上更準確與目標消費者聯繫，減低了渠道的重要性，有助品牌和創新能力在領先位置的公司。

貴州茅台（A股編號：600519）： 白酒茅台兼具奢侈品及保值品等特質，由於生產過程和原材料的特殊性，其技術壁壘和毛利率比其他行業高，而產品格價也因其稀缺性持續攀升。

15）餐飲

- 肺炎引起的衛生習慣改變有助實現自動化，透過增加科技的使用減低人力成本、提高效率並擴大利潤。

- 「智能廚房」提高了準備食物的營運效率，而標準化的質素則降低了食物衛生中不必要的風險。

- 獨特的品牌特性（服務、品牌故事）讓餐廳之間差異化程度高，能增加粘性消費客群的重複選購。

海底撈（6862）： 以經營川味火鍋為主，融匯各地火鍋特色為一體的大型跨省直營餐飲品牌，其企業文化和待遇激發員工為公司做更多生意、提供更好的服務。

九毛九（9922）： 核心品牌為九毛九西北菜和太二酸菜魚，酸菜魚行業賽道正在發展初期，太二的品牌熱度加上低成本結構，成為集團的增長引擎。

增長股估值方法

很多投資者不理解為何某部份新經濟股的估值比起其他高出不少，即使較有前途和想像空間也不至於高出幾倍市盈率。原因是增長型公司也可以分為線性增長和非線性增長，而它們的估值方法有所不同。若果以適合線性增長的估值倍數方法去看非線性增長公司，往往會得出不合理的數值。當中主要的分別是因為估值倍數是看短期的增長，而現金流量折現模型是看長期增長，因此非線性增長公司的「價值」相對短期的增長看似較高。

線性增長 VS 非線性增長

大部份公司或行業在經歷商業生命周期的起步期到成長期時，普遍會出現S曲線的情況：開始的時候較為緩慢，然後出現加速的「非線性增長」，最後減速進入「線性增長」。雖然進入線性增長的階段，公司有機會進入「創新之窗」（Innovation Window），透過新產品或進入新的行業，出現第二次S曲線的機會，如果沒有把握創新之窗的機會，便有可能踏入成熟期。

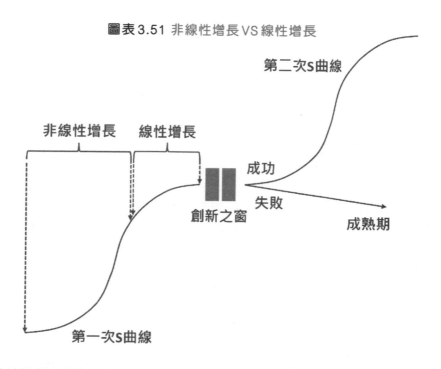

圖表3.51 非線性增長VS線性增長

第二次S曲線

非線性增長　線性增長

成功

創新之窗　失敗

成熟期

第一次S曲線

「非線性增長」普遍出現在一間公司或一個行業的增長初期，由於基數低，隨着需求開始加速，整個市場的規模迅速擴大，進入增長率急速上升的起飛階段。估值方面適合使用現金流量折現模型，因為能把未來數年的高速增長放到模型裏面。但在一輪急速增長過後，其增長率開始穩定，也已到達一定程度的規模，我稱它為「線性增長」，普遍出現在增長期的中後階段。由於盈利的能見度增加，而且增長率不會出現太大變化，固此較適合使用估值倍數作為估值的方法。

在這，將會先介紹適合大部份增長股的估值倍數和其使用方法，接着揭示盈利增長率加速，非線性增長出現的因由和其估值方法。

估值倍數

估值倍數通常分為兩個部份，分子（Numerator）和分母（Denominator）：分子是評估指標，例如股價或整體企業價值，而分母是跟分子有邏輯關係的數據，大多是有效反映公司狀況的指標，較為普遍的是財務指標，但非財務指標也是可以用的。

舉個例，要評估一間戲院的價值，如果用非財務指標，邏輯上這和座位的多少有直接關係（在這裏我們先不談論入座率、門票價格、規模效應、協同效應等）。所以如果一間有100個座位的戲院價值100萬元，它的估值倍數是每個座位價值1萬元，因為100萬元（評估指標）除以100個座位（有邏輯關係的數據）是1萬（估值倍數）。以這個估值倍數為基礎，當你遇到一間有150個座位的戲院，也可以把它的估值合理估計為150萬元左右。

當然，一間戲院的關鍵績效指標（Key Performance Indicator，簡稱KPI）不一定只是座位多少，也可以是放映電影的數量，那麼根據放映電影的數量，可以得出另一個估值倍數。兩個估值倍數之間，反映不同的邏輯關係，卻有不同的盲點，因此難以得出那一個絕對優勝的結論，這也是投資具有藝術性的原因。

估值倍數的優點：

1）容易計算

倍數計算方法相對簡單，只需要輸入較少的參數，而且沒有太多假設在背後。

2）易於理解

倍數的定義非常直接，為投資者提供有關相對價值的有用訊息。

3）有應用性

倍數是以投資者最平常使用的統計數據為基礎，和現況有一定程度的關係。

估值倍數的缺點：

1）過分簡潔

倍數將許多不同驅動價值的因素組合到分母當中，難以分清各個價值驅動因素對評估指標的影響。

2）靜態考慮

倍數是以單一時間點的分母數據跟評估指標作對比，沒有考慮未來業務本身和競爭環境的動態發展。

3）難以比較

倍數出現分歧的原因眾多，並非全部都與真實價值差異有關，硬將兩個倍數對比就像把蘋果和橙作對比。

價格倍數 VS 企業倍數

由於估值倍數中的分子和分母需要有邏輯關係，兩者之間應該是「木門對木門，竹門對竹門」，若果是木門對竹門，所計算出來的倍數會欠缺意義，因為出現邏輯上的偏差。

價格倍數（Equity Multiple）表達的是股東的股權所包含的資產和現金流部份，而非跟整間公司看齊。試想像，如果一間公司是由股票和債券各提供一半資金，那麼股票的估值不能與整間公司做對比，只能跟股權相關部份做對比。每股盈利（EPS）是除去債權人、少數股東後的剩餘的股權收益，能夠和股價對比；但銷售或資產是企業級別的指標，股票股權只是佔了他們的一半，因此不能直接對比。

雖然價格倍數的限制較多，但與股票估值更相關，而且更直接影響股票投資的決定。對於增長股，最常用的是市盈率（PE Ratio）；而價值股最常用的是市帳率（PB Ratio）和本利比（Price to Dividend Ratio）。

企業倍數（Entreprise Multiple）表達的是整間企業的價值相對於整體企業的相關數據或指標之間的關係。在使用企業倍數時，可以專注在尋找適合反映公司狀況的指標，因為受會計政策（Accounting Policy）上的差異或資本結構（Capital Structure）的影響有限，因此可用的指標相比價格倍數的範圍大很多。但它的底線（Bottom Line）只能到達EBIT，因為到達EPS便會踏進股權部份，有木門對竹門的問題。

企業倍數的變化很多，當中最常見的是與盈利相關的EV/EBITDA、EV/EBIT、EV/NOPLAT，比較高層的是EV/Sales，根據不同行業也有獨特的倍數：EV/儲藏量（石油業）、EV/遊覽量（媒體）、EV/總床位（醫院）等。

估值倍數的三種使用方法

1）跟歷史倍數做對比

透過將當前的估值倍數和歷史倍數進行比較，對比現時相對不同業務周期和宏觀經濟環境下的估值分別。若果假設公司處於穩定增長期，那麼簡單的投資方法是在平均值以下買入，在平均值以上沽出。但實際情況是，當公司出現業務上的突破，現時估值相對歷史看似偏貴，但其實有機會進入新的估值範圍。

計算歷史估值的步驟

• 先選取適合的估值倍數

• 計算出估值倍數在過往5至10年的歷史走勢

• 尋找估值倍數的平均值和歷史區間作參考

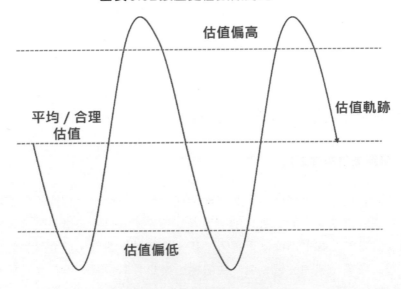

圖表 3.52 跟歷史倍數做對比

估值偏高

平均／合理
估值

估值軌跡

估值偏低

大部份增長股普遍都以PE為適合的估值倍數，但也有例外：以澳門賭業股為例，它在數年前的黃金時期是資本密集型的增長行業，因此適合使用EV/EBITDA，減少新賭場的資本開支對估值中盈利的影響；至於屬於輕資產而未有盈利的新經濟股，不適合使用以上兩個估值倍數，則可以考慮PS。

2）跟同行公司倍數做對比

這是一種相對估值的方法，透過與業務性質相近的公司進行對比，了解所研究的公司的相對價值，但這方法是以市場估值為標準，而非公司本身的內在價值。這也是投行中最常見的估值方法，稱為Comparable Companies Analysis，簡稱CCA。

計算CCA的步驟

- 選擇一組公司所身處行業中可比較的公司（按照業務類型、規模來看）

- 決定所需要的數據（股價、市值、EV等）和估值倍數（P/E、EV/EBITDA等）

- 計算所有數據和估值倍數

- 運用這組公司的中位數或四分位數，估計該公司的估值倍數在這組公司中的位置

圖表 3.53 CCA結果樣板

公司名稱	股份代號	股權價值 (億港元)	企業價值 (億港元)	EV / EBITDA FY20	FY21e	FY22e	P / E FY20	FY21e	FY22e	增長率 FY20	FY21e	FY22e
碧桂園服務	6098 HK	2289	2101	51.0	31.0	22.6	78.0	46.9	32.3	44%	52%	45%
恒大物業	6666 HK	1630	1481	36.4	23.3	16.1	54.0	32.1	21.4	179%	68%	50%
華潤萬象生活	1209 HK	1076	1080	83.3	47.1	33.4	115.7	61.8	44.6	143%	87%	39%
融創服務	1516 HK	760	648	71.2	34.9	21.5	114.0	51.4	31.5	67%	114%	63%
金科服務	9666 HK	471	390	43.3	25.4	16.7	52.5	36.7	24.3	34%	63%	51%
雅生活服務	3319 HK	461	419	13.6	10.3	8.1	27.0	16.5	12.7	42%	35%	29%
世茂服務	873 HK	399	333	30.5	16.6	10.4	50.3	26.1	15.9	85%	80%	64%
保利物業	6049 HK	281	196	17.9	14.0	10.6	33.6	26.5	20.6	4%	27%	29%
綠城服務	2869 HK	277	243	20.7	16.3	13.1	32.5	25.4	20.1	31%	28%	26%
永升生活服務	1995 HK	327	291	42.0	25.7	17.2	69.1	43.8	29.2	67%	55%	50%
新城悅服務	1755 HK	201	178	25.4	16.3	11.3	36.9	23.8	16.6	56%	54%	43%
中海物業	2669 HK	230	194	21.1	16.2	12.7	40.4	25.5	19.7	25%	34%	30%
寶龍商業	9909 HK	165	135	21.4	18.0	13.3	43.9	30.6	22.1	12%	44%	39%
最大值		2289	2101	83.3	47.1	33.4	115.7	61.8	44.6	179%	114%	64%
75%百分位		760	648	43.3	25.7	17.2	69.1	43.8	29.2	67%	68%	50%
中位數		399	333	30.5	18.0	13.3	50.3	30.6	21.4	44%	54%	43%
25%百分位		277	196	21.1	16.3	11.3	36.9	25.5	19.7	31%	35%	30%
最低值		165	135	13.6	10.3	8.1	27.0	16.5	12.7	4%	27%	26%

3）跟增長率做對比

GARP（Growth at a Reasonable Price）的投資方法是結合了增長型和價值型投資方法的好處，希望尋找具增長力但估值偏低的增長股，此方法在彼得‧林奇（Peter Lynch）的推介下而變得受歡迎。拇指規則（Rule of Thumb）的做法是直接把市盈率除以增長率計算出市盈增長率（PEG Ratio），大於一為之價值偏高，少於一為之價值偏低。但市盈率和增長率之間的關係並不是 1:1，它們在各行業之間的關係也不同，因此可用線性回歸（Linear Regression）尋找兩者之間的關係。

跟同行公司倍數做對比的步驟：

- 先計算需要使用的估值倍數

- 選擇一組公司所身處行業中可比較的公司（按照業務類型、規模來看）

- 計算該系列公司的估值倍數和增長率

- 透過線性回歸，以增長率為自變數（Independent Variable）和估值倍數為依變數（Dependent Variable），畫出一條線性回歸線

- 透過回歸線，尋找該公司的合理估值倍數，和之前計算的估值倍數做比較

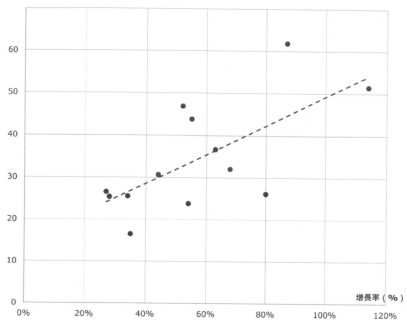

圖表3.54 估值倍數與增長率

這個方法是假設了該公司和對比用的公司除了增長率不同之外,其他條件不變,是因為增長率解釋了增長股估值的其中一部份,但現實中另外的因素也會影響各公司的估值:

● 公司的資本結構會影響價格倍數,但企業倍數不太受影響

● 此方法主要考慮短期的增長,忽略長期增長率和短期增長率的持續性

● 各公司之間的差異性,如細分業務類型、規模大小等

● 市盈率和增長率之間的關係並不是線性的,而是一條微微向上的曲線

若果將市盈率和增長率做比較，雙方普遍使用具前瞻性的數據，所以用的是預期市盈率（Forward PE）和預期增長率（Forward Growth Rate）。值得注意的是有很多財經網站或應用程式只能提供歷史市盈率（Historical PE），所用的是上年的數值。在每年的一月至三月，由於上年的全年業績還沒有公布，更有機會出現前年的歷史市盈率，相比預期市盈率出現嚴重偏差（一間盈利每年增長30%的公司，合理預期市盈率為30倍，歷史市盈率為 30 x 1.3 x 1.3 = 51，直覺偏貴卻是合理價）。

非線性增長的來源

1）增長型公司的規模成長到達臨界點（Breakeven Point），實現爆發性盈利。由於公司在增長初期，有大量前期的投入和固定成本，即使銷售量持續增加，公司一直處於微利甚至虧損的狀態。當公司的規模不停擴大，銷售減去變動成本的數值會大於持續下降的平均固定成本，讓之後新增的銷售能轉化為盈利。

在這裏想帶出經營槓桿（Operating Leverage）的概念，經營槓桿的計算方法是固定成本除以總成本，它可以量度銷售增長對盈利增長的影響，所以三倍經營槓桿的意思是銷售增長10%能把盈利推升3 x 10 = 30%。對於輕資產新經濟股，雖然固定成本相對傳統行業較低，但其變動成本更低，因此在突破臨界點後能藉着經營槓桿出現爆發性增長。

圖表3.55 經營槓桿影響利潤增長

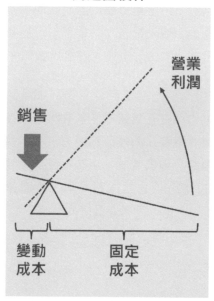

高經營槓桿

營業利潤

銷售

變動成本　　　固定成本

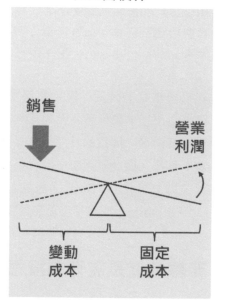

低經營槓桿

銷售

營業利潤

變動成本　　　固定成本

2）公司即使過渡了成長規模的臨界點，仍然選擇不實現盈利，把大部份的盈利投回擴張商業版圖，例如持續研發和創新、快速擴張市場，甚至進入新的商業領域。因此即使公司規模越來越大，盈利也持續處於低水平，直到公司願意實現盈利，便會出現非線性增長。

在「打機」的術語裏面，有一種稱為「壓血」的做法，意思是透過把生命力降低至死亡邊緣，以換取更強的攻擊力。雖然這個做法伴隨巨大風險（角色較容易死亡），但所引發的回報（強勁的攻擊力）是很多資深玩家為之津津樂道。以類比的方法來看，現時的商業環境出現了越來越多「壓血」的情況，被壓的當然不是生命力，而是公司的盈利和財務狀況。

亞馬遜（Amazon）的壓血做法是最經典的案例，創辦人傑夫・貝索斯（Jeff Bezos）以長線思維管理著公司，他認為相比起短期的盈利考慮以及分析員對股價的反應，他更注重公司長期的領導地位。所以即使有一些短期看不到回報的投資，但如果長期對公司有益的話，也會大膽嘗試去做。

有一段很長的時間，投資者都不明白為何一間電商公司需要擴展到雲服務，也不理解為何亞馬遜的盈利長期徘徊在正負邊緣。其實大家只是不了解貝索斯從一開始的目標不只是做書本電商，而是服務所有消費者這個遠大的目標。因此雖然當中出現不少最終失敗的嘗試，但有些成功業務例如第三方物流服務FBA、雲服務AWS、Prime會員服務、第三方賣家服務Marketplace，成為了亞馬遜的支柱，一步一步邁進最終的目標。

非線性增長需有創投思維

在聯儲局不停「印銀紙」、資金氾濫的時代，具穩定性的增長股較少出現錯價的投資機會。為了尋找超額回報，大資金和公司都更願意接受中短期的壓血情況，而它們最關注的是公司在壓血的階段能否累積足夠的技術壁壘和戰略優勢，最後獲得非線性增長。因此這種創投（Venture Capital）的思維，以前通常出現在上市之前，但現在也有機會發生在上市後。

高瓴資本集團的創始人兼首席執行官張磊在訪問中提到他的信念：任何一個商業，不要去問你要賺多少錢，不要看他今天的收入和利潤，因為這都沒有意義。首先要看他給這個社會，給他所針對的消費者、客戶創造了多少價值。他們現在要找的是為社會瘋狂地創造長期價值的企業家，至於他的收入利潤早晚會跟上的。

方舟投資行政總裁及投資總監Cathie Wood在談及為何在特斯拉（Tesla）破產邊緣仍然進行投資時，她認為即使特斯拉的財務狀況和投資界對它的印象不佳，但特斯拉的科技含量所帶出的壁壘會讓剩下有信心的投資者持續投入資金，因此她當時「不理解」為何看淡的投資者會認為特斯拉真的會破產。

盈利增長率加速

對於一間盈利年增長率20%的增長型公司，讓我們先假設它的市盈率在20倍。若果一年後市盈率沒有改變，那麼它的市值將會提升20%，是因為盈利提升了20%的緣故。但如果市盈率提升了20%到24倍，那麼它的市值將受惠於盈利和市盈率的雙重升幅：（1+20%）x（1+20%）-1 = 44%，市場稱之為「戴維斯雙擊」（Davis Double Play）。

市盈率的提升，除了因為市場氣氛轉好，投資者願意對相同的盈利增長給予更高的估值倍數之外，也會因為公司本身的盈利增長率加速，而獲得更高的估值倍數。根據筆者的實戰經驗，相比市場氣氛轉好所構成的市盈率提升，公司本身的盈利增長率加速能給予確定性更高的市盈率提升。

以舜宇光學（2382）為例，在2015年之前的增長率一直維持在20%左右，而投資者給予它10倍至20倍的市盈率。隨着舜宇光學和蘋果的合作關係更密切，而且智能手機越來越普及，它的盈利增長率在2016年和2017年分別提升至66%和127%，市盈率也分別提升至30倍和50倍。

圖表3.56 舜宇光學（2382）盈利增長率加速

估值倍數（PE）

盈利增進	2013	2014	2015	2016	2017	2018
上半年	29%	22%	15%	44%	137%	9%
下半年	25%	17%	46%	66%	121%	-27%
全年	26%	19%	31%	57%	124%	-12%

高市盈率的迷思

在處理高市盈率的公司時，投資者需要小心把公司界定為線性增長還是非線性增長，從而判斷是否適合投資。對於線性增長的公司，高市盈率最大的危機是估值倍數下滑，抵銷了盈利增長的正面影響。舉個例，如果以30倍市盈率買入30%增長率的公司，即使盈利增長了30%，如果市盈率下調至23倍，總市值其實是沒有變化的。在極端情況，不但估值倍數向下，甚至連盈利都出現下滑，這是戴維斯雙擊的反向情況，稱為「戴維斯雙殺」（Davis Double-killing Effect）。

至於非線性增長的公司，理論上可以透過絕對估值的方法（例如DCF模型），得出公司的內在價值，然後向後推出公司的隱含估值倍數（Implied Multiple），了解絕對估值的方法是否合理。由於非線性增長公司的絕對估值包含了對未來數年急速增長的計算，因此公司的整體估值未能反映在未來一年的盈利上，導致預期市盈率不合理地高。若果將時間向後推移五至十年，待公司從增長期的初段到達中後階段，讓盈利追上來，市盈率便會變得合理。

非線性增長的估值方法

對於非線性增長公司的估值方法，我們不能夠使用基本的估值倍數，因為這些公司看的是長遠，而基本的估值倍數考慮的是短期。以下是兩個可以考慮的估值方法：

1）DCF模型

理論上可以透過估算非線性增長公司的未來現金流來推算其內在價值，但實際操作遠比理論困難。模型本身對預測未來的股息和自由現金流需要很高的準確度，否則推算出來的價值的意義不大。而非線性增長公司的特點正是其不確定性，未來數年的現金流更是難以估算，大大減低DCF模型的判斷能力。

雖然不會得出確定性高的估值，但仍可以在建立模型之後，透過對各個參數輸入不同的假設，獲得一個合理的估值範圍，也有其參考價值。舉個例，線性增長公司透過DCF模型得出$80至$100的估值範圍，而非線性增長公司得出$60至$120，雖然非線性增長公司的估值範圍較闊，但如果現價是$30，那麼還是值得投資的。

2）整體潛在市場

整體潛在市場（Total Addressable Market，簡稱TAM）是透過由上而下的方法去估算一間公司所在的行業的天花板有多高，從而推算該公司的估值可以到達甚麼水平。對於非線性增長公司，這是一個不錯的估值方法，因為估值本身也同樣是看得比較長遠。

要注意的是，TAM所提供的是估值最終目標的大方向，較少考慮當中的過程，因此面對中短期的股價波動，投資者需要持續審視整體潛在市場的去向，和公司在行業的競爭格局和優勢，判斷公司是否仍然朝着目標進發。

入場
技巧

中線看「VCP」

在眾多技術分析的形態學中，筆者認為較適合增長類型股票的是價格波動收縮形態（Volatility Contraction Pattern，簡稱VCP）。這個形態是由馬克·米奈爾維尼提出，其背後的概念是透過辨認買方和賣方之間換手和承接的過程，在最低阻力的方向建立高賠率的買入點。

股價突破樞紐買點 買入信號

VCP是一種股價在上升趨勢之中，中期作出修正整固的形態，讓賣方的沽壓逐漸被消化的過程。圖表4.11為VCP基本形態，當中通常涉及數次股價上下擺動，每次回調的幅度比上一次小，而伴隨的成交量也逐漸減少。透過連接每次回調前的高點，可以產生一條阻力線，米奈爾維尼把它稱為樞紐買點（Pivot Buy Point）。當股價向上突破樞紐買點，成交量也同時顯著上升，便形成明確的買入信號。

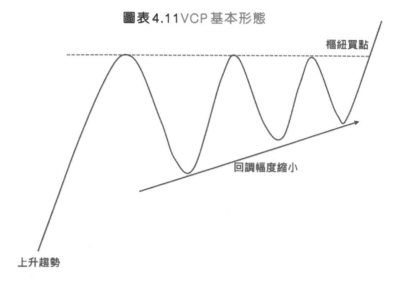

圖表4.11 VCP 基本形態

樞紐買點

回調幅度縮小

上升趨勢

增長股目標價 沒固定內在值

我認為投資者對股票目標價推斷分為兩個情況，分別是動態穩定
（Dynamically Stable）和動態不穩定（Dynamically Unstable）可見於圖
表4.12。

動態穩定的目標價是指該公司有一個較為固定而且能夠計算的內在值，即
使市場價格因為短期情緒偏離內在值，在中長線還是會回歸內在值的附
近，投資者能在偏離內在值的時候進行投資從中獲利，而動態穩定的目標
價通常出現在能見度高的成熟行業。

而**動態不穩定的目標價是沒有固定的內在值**，原因是公司還處於不穩定的
增長期，持續徘徊在成功或失敗的邊緣，因此在新情況出現前反而處於短
期的均衡狀態，但有了新情況便會一面倒向新的方向，投資者需要在情況
一面倒之前盡快判斷是偏向哪一個方向，而VCP所描述的正是動態不穩定
的情況。

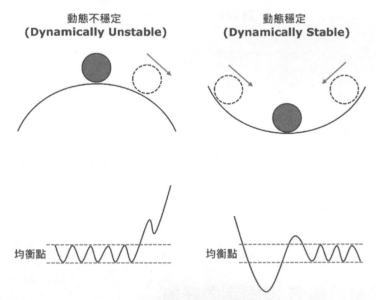

圖表4.12 動態穩定性與股價關係

當股價持續上升一段時間後，有一部份短線投資者會先行獲利，形成回吐
壓力。在股價回調一定幅度後，會吸引持貨能力較強的長線投資者進場承
接，使股價反彈。當股價回到原先獲利的位置，將再一次吸引短線投資者
獲利，但由於整體賣出的壓力減少，每次回調的幅度都比之前少。這樣的
換手情況會持續直至短線沽壓盡出，而某一次突破成為了引發短線和長線
同時買入的催化劑，沽空的也要買貨止損，導致股價和成交量急升，在缺
乏獲利壓力的情況下長驅直進，吸引更多投資者買入。

VCP 足跡

為了有效地瀏覽經歷了VCP的股票，米奈爾維尼設計了一套簡易的紀錄方
法，以三個部分了解該VCP最主要的特徵：

1）最常見收縮次數 2至4次

通常二至四個收縮次數最常見，也有機會看到五至六個收縮次數，而收縮造成的底部若果對稱則更為理想。每次回調的幅度至少比上一次細，理想是前者的一半。

2）最佳最初修正幅度 10%至35%

最佳為10%至35%以內，若果修正幅度過大，有可能是公司本身出現了結構性問題，長期投資者的買入信心也機會受到影響，較易造成失敗的形態。VCP的基本需求是形態處於上升趨勢以內，所以對應不同的趨勢強度，可接受的修正幅度有所不同。

3）最理想收縮時間 3周以上

最理想在三周以上，若果收縮時間太短，沒有足夠的時間讓短線投資者先行獲利，不利股價突破樞紐買點後上升的穩定性。因為還未在樞紐買點以下的位置獲利的短線投資者，很大機會在突破樞紐買點之後賣出。

圖表4.13 VCP 主要特徵

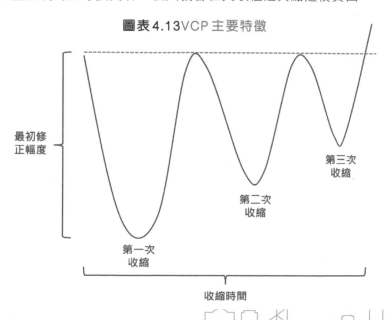

港股 VCP 足跡回測分析

對應以上三個主要特徵,我回測了香港市場前三百大增長股在2005年至2010年的VCP表現,透過在投行任職高效運算演算法工程師(Algorithum Developer)的朋友協助下,盡量抽取每一次調整進行分析。由於VCP的定義廣泛而且抽象,涉及多種變化,所以在判斷上相當主觀,因此回測也只是盡量把這個形態計量化,讀者在自行判斷後有機會得出不同的結果。

從圖表4.21可見,收縮次數的確以二至四個最為常見,分別佔了整體的69%、22%和7%。值得留意的是,每當收縮次數增加一次,出現的機會率大概是少一次收縮的三分之一。簡單來説,出現了兩次收縮的VCP,有三分之一的機會收縮多一次,接着有三分一的機會再收縮多一次。

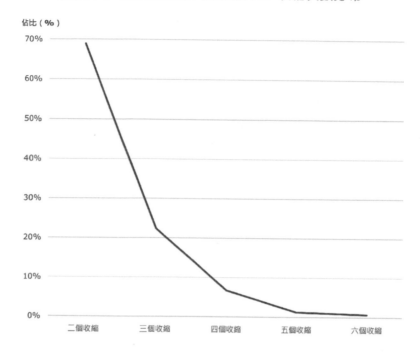

圖表 4.21 港股前三百大增長股 VCP 收縮次數分布

佔比（％）

圖表 4.22 顯示了股票修正幅度，最初修正幅度有九成機會率在 10% 至 30% 以內，但由於兩次收縮出現次數較多，因此整體的平均調整都偏向兩次收縮的 12% 平均調整。若果單看三次收縮和四次收縮的調整，他們最初修正幅度分別平均是 17% 和 19%。

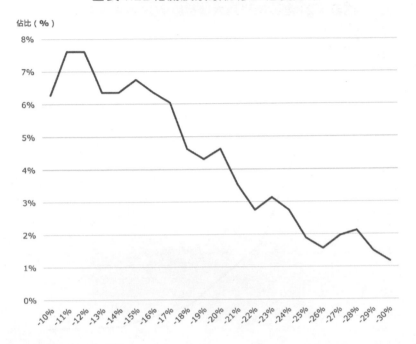

圖表 4.22 相關股票最初修正幅度分布

佔比 (%)

(x軸標籤：-10%, -11%, -12%, -13%, -14%, -15%, -16%, -17%, -18%, -19%, -20%, -21%, -22%, -23%, -24%, -25%, -26%, -27%, -28%, -29%, -30%)

由於收縮時間與收縮次數有正面關係，每多一次收縮需要更多的時間完成整個形態，因此不能單純地把所有收縮時間合起來分析，必須把收縮時間的分布按照不同的收縮次數分拆出來看。透過圖表 4.23 的箱形圖（Box Plot），可以看到收縮時間主要的範圍在有顏色的箱子裏面（表示了一半的數據範圍，中間的橫線代表中位數），而上下的直線表示了較少出現的情況。

對於收縮兩次的 VCP，大部份的收縮時間在三至七星期以內，平均在五星期內完成，這跟米奈爾維尼所建議的理想收縮時間在三星期以上一致。隨着收縮次數每多一次，收縮時間平均增加五至六個星期，而主要範圍也會增加：

兩次收縮：3至7星期（平均5星期）

三次收縮：9至14星期（平均11星期）

四次收縮：16至22星期（平均19星期）

五次收縮：17至29星期（平均26星期）

六次收縮：25至35星期（平均32星期）

圖表4.23 相關股票收縮時間分布

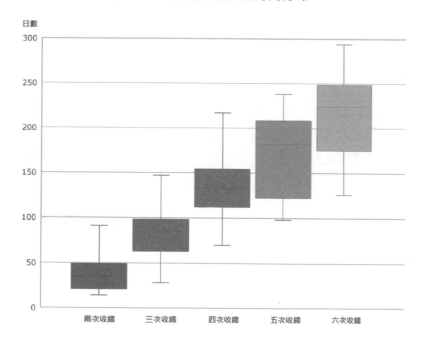

以 VCP 操作的考慮

4.3

1）別尋找完美的VCP圖

很多新手在初認識VCP時，都很注重自己跟進的股票走勢是否符合理想中的VCP，例如收縮幅度是否足夠、成交量是否逐步向下、每次反彈高點能否連成清晰的樞紐買點等。但其實VCP的「完美」程度並不會直接影響突破向上的機會率，相比單看VCP的圖形，配合基本因素和催化劑的分析對突破機會率是更有影響力。

由於VCP的定義廣泛而且抽象，過分強調理想走勢有機會漏掉明顯有機會上升的股票，因為篩選出來的主要是上升三角形（Ascending Triangle）和上升楔形（Rising Wedge），但這只是VCP形態的其中一部份而已。

2) 宜假跌破後才入場

洗盤（Price Shakeout）是指假跌破的情況，當股價走勢比較「漂亮」時，很多投資者有機會將止損位放在相近的地方。股價若果出現短期下破止損位，有機會使持貨能力較弱的投資者停損，減低整體沽壓，隨後像彈簧一樣出現急速的反彈。

首先，洗盤會影響整個VCP的形態，構成沒這麼完美的VCP，讓投資者不肯定股價回調的幅度如何計算在各次收縮之內；第二，洗盤會影響整體獲利的能力，因為若果洗盤時觸發了止蝕，最後獲利時需要減去洗盤時的損失。

面對洗盤的理想情況，當然是洗盤後才考慮入場，但如果在洗盤前已經投入資金，則需要靠對洗盤原因的理解和股票本身的基本面去判斷應否止蝕。

3) 突破後不一定一帆風順

即使出現了VCP形態，以高成交突破樞紐買點，也不表示股價一定隨即爆升。現實情況有機會回測樞紐買點，甚至跌破停損位（米奈爾維尼建議以20天平均線作為停損）。

有研究顯示，VCP獲勝概率普遍在35%至40%，獲勝關鍵在於賠率的數值足夠大，但透過其他工具的協助和更多的使用經驗，有機會把獲勝概率推升至50%。所以如果想以更客觀／數量化的方法分析突破前後的買方力量，可以參考下一章的「陽盛陰衰」指數。

短線看「陽盛陰衰」

過去有很多投資大師曾提及到在股價大漲之前，留意到在股價整理的過程通常有「股價向上成交量向上」和「股價調整成交量向下」的情況，筆者把這個情況簡稱為「**陽盛陰衰**」（**陽燭的時候成交量非常旺盛，陰燭的時候成交量衰弱**）。我希望在這個章節提供一個對這個現象的理解，介紹一個自己開發的量化方法，及過往在使用這個方法時所見到的現象。

特斯拉閥的比喻

我喜歡以特斯拉閥（Tesla Valve）來比喻持貨能力。是一種固定幾何的被動單向閥，和很多傳統的閥不同之處，在於它是沒有移動的部件，但卻在不同方向通過閥門的時候，阻力差別巨大，因此造成單向流通。簡單來說，若果把水注入特斯拉閥，在順向的時候，基本上是沒有阻滯的；但在反向的時候，有一部份的水流會進入了轉彎的區域，然後以差不多相反的方向阻礙主水流。如果增加了水流的力量，其相反方向的水流的力量也會增大，感覺有點像太極借力打力的情況。

圖表 4.41 特斯拉閥的結構

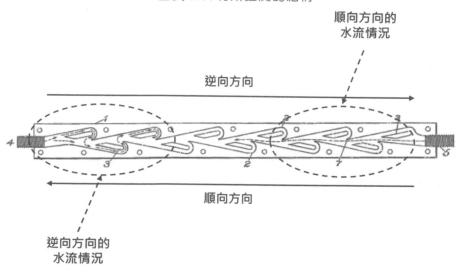

我很喜歡將股票的買賣雙方的持貨能力想像成特斯拉閥，因為能夠把市場的買賣情況形象化：注入的水流就像買賣雙方的資金，買方希望把水流從下面注入，把水推上去，賣方則剛剛相反，上面的水量越多標示着股價越高，而注水方向的決定權在於大市的情緒。

當順向的方向是向上，即在市場情緒樂觀的時候，買方在沒有障礙的情況下能大力買入，造成價量齊升的情況，而在悲觀的時候，沽壓有限還有反向資金買入，造成陽盛陰衰的情況，這是我們樂見的。但若果順向的方向是向下，即使在市場情緒樂觀的時候，無論用多大的資金買入，也會有一部份剛買入的資金也會作反向的操作賣出獲利，使股價只能有限度地上升，而在悲觀的時候，股價更是不堪入目的向下，造成陰盛陽衰的局面。因此，陽盛陰衰的情況能夠把持貨能力的程度客觀地表達出來。

由於我希望在股價向上爆發的時候，市場的投資者對該公司擁有很強的持貨能力，而非急急地作短期的交易獲利，所以我會在投入資金之前仔細看篩選出來的股票陽盛陰衰的情況。就像做實驗一樣，我們要先觀察該公司在不同市場情緒下的反應，甚至公司本身的個別事件的影響，才能估計該公司的「特斯拉閥」的順向方向是那一邊，通常我的觀察期是在兩至三個月左右。

陽盛陰衰指數 量化持貨能力

「陽盛陰衰指數」是筆者自創的參考指標，透過量化一隻股票的持貨能力，適合用於股價爆發前和爆發後的操作。原理是透過每天的價格變化、成交量變化和陰陽燭的形態，為該股票的持貨能力打一個分數，最後獲得一條時間數列用作分析。還記得一位在投行做算法工程師的好友曾跟我說，一個成功的程式需要把大量的數據濃縮成人類剛剛可以輕易閱讀的概要，而這是有一個最佳的複雜程度。若果把數據濃縮得太多，會移除了一部份有用的見解；但如果濃縮得不夠，閱讀結果的人則需要花費額外的精力，也是不理想的情況。讀者在本章了解到陽盛陰衰指數背後的原理後，可以加以修改及調整，以配合自己的投資風格。

這個指數的方程式分為三個部份，而我把指數基本設定為「1」，其意義是當天的股價波動、成交量、陰陽燭的形態跟過往一段時間的平均情況一樣，未能為用家提供甚麼特別見解。

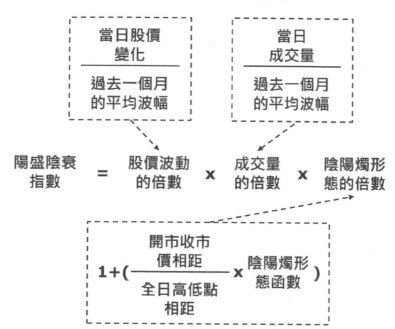

圖表4.42 陽盛陰衰方程式結構

當日股價變化 / 過去一個月的平均波幅

當日成交量 / 過去一個月的平均波幅

陽盛陰衰指數 = 股價波動的倍數 × 成交量的倍數 × 陰陽燭形態的倍數

$$1+\left(\frac{開市收市價相距}{全日高低點相距} \times 陰陽燭形態函數\right)$$

由圖表4.42可見，**第一部份是股價波動的倍數。**同一樣的單日升幅，對不同的股票有不同的意義。舉個例，5%的單日波幅是多還是少？對於每天平均移動2%的藍籌股來說算是較多，但對於每天平均移動5%的小型股來說，這只是普通的波幅。所以我把過去一個月每天的升幅和跌幅綜合起來計算它的平均值，用以代表該股票價格平常的波動率，再跟當日的升跌幅做比較。因此在剛才的例子，5%的單日波幅對藍籌股的波動倍數是2.5倍，而對小型股的波動倍數只是1.0倍。

第二部份是成交量的倍數。 邏輯跟股價波動的倍數一樣，由於成交量的多少是一個相對的概念，所以需要透過和該股票平常的成交量作比較，才能了解當日成交量的重要性。同樣的，我也是將單日的成交量和過往一個月的平均成交量作對比，以獲得成交量的倍數。

由於我希望突出價格和成交量同時大升時的重要性，所以將兩個倍數的關係以相乘的方法連在一起。若果當日的價格升幅和成交量同樣是平常的三倍，這個指數便會獲得 3 x 3 = 9 分。大家可以想像得到，在單一項目（價格升幅或成交量）突破的情況下，除非是極端例子，否則是很難達到相近的分數。

第三部份是陰陽燭形態的倍數。 這是一個可選的項目，重要性相對頭兩個部份沒有這麼大。當中的概念是認為大陽燭或大陰燭的形態，比起其他陰陽燭的形態，更能有效地確認持貨能力。看回特斯拉閥的比喻，大陽燭便是完全順向往上的情況，整天沒太多賣出獲利的情況；大陰燭則是完全順向往下的情況，整天沒有資金嘗試在低位買入。

計算的方法是透過比較開市收市價相距的絕對值和全日高低點相距。我們可以透過例子簡單地理解當中的結構：在大陽燭和大陰燭的情況，開市收市價相距等同於全日高低點的相距，因此它的結果等於 1；在開市收市價相同的情況，陰陽燭呈現十字星的形態，代表升跌都有相反方向的資金壓力，而得出的結果等於 0；其他的情況遊走在兩個極端中間。

當然，筆者也認為陰陽燭形態倍數的計算方法未能完美地表達所有形態的情況，這個只是比較初階的計算方法，但我想透過這個方向為整個方程式

提供多一層的維度。由於大家對形態的重要性可能有不同的判斷，因此我加了一個函數，讓讀者自行判斷第三部份的權重。

圖表4.43陽盛陰衰方程式詳細內容

$$\text{股價波動的倍數} = \cfrac{\left(\cfrac{\text{收市價}_t - \text{收市價}_{t-1}}{\text{收市價}_{t-1}}\right)}{\cfrac{\sum_{i=t-n}^{t}\left|\cfrac{\text{收市價}_i - \text{收市價}_{i-1}}{\text{收市價}_{i-1}}\right|}{n}}$$

$$\text{成交量的倍數} = \cfrac{(\text{成交量}_t)}{\cfrac{\sum_{i=t-n}^{t}\text{成交量}_i}{n}}$$

$$\text{陰陽燭形態的倍數} = 1 + \left(\cfrac{|\text{收市價}_t - \text{開市價}_t|}{(\text{全日高點}_t - \text{全日低點}_t)}\right) \times \text{陰陽燭形態函數}$$

最佳情況 數個高正數＋一連串低數值

透過以上的方程式去計算每天「陽盛陰衰指數」後，每一隻股票會獲得一串時間序列。在突破前的整固時間，我們希望見到數個高數值的正數，而在這些高數值正數之間伴隨着一連串低數值的隨機漫步（Random Walk，統計學的用語，表示一連串隨機不規則的數列軌跡），這是有利後市向上

爆發的「陽盛陰衰」情況。相反來看，高數值的負數是值得注意的警號，代表股票的持貨能力是有疑問的地方，象徵着「陰盛陽衰」的情況。至於持續低數值的情況，指數的時間序列只是隨機漫步的，沒有甚麼顯著的代表性。最後，數列同時持有高數值的正數和負數的「陽盛陰盛」通常發生在股價向上爆發後的特殊情況，我會在後續部份講述更多「陽盛陰盛」的情況。對這個情況描述更多。

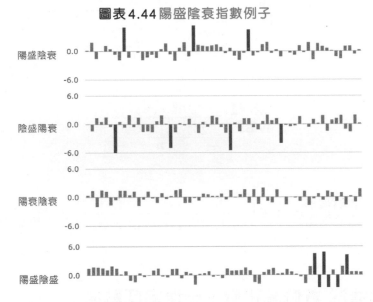

圖表4.44 陽盛陰衰指數例子

在使用這個指數時，有幾個值得注意的地方：

1）有效的數字

前面提到以「高數值」來判斷陽盛的情況，但甚麼數字才算是高數值？以統計學的角度來看，由於這個方程式包含了股價的升跌幅和乘數的關係，所以即使股票價格和成交量是正態分布（Normal Distribution，統計學上

最常見的連續機率分布，陰盛陽衰指數的結果絕對不會是正態分布，因此不能用標準差去計算具統計顯著性的「高數值」結果。為此，筆者做了實證研究，在不包含陰陽燭形態的倍數的情況下，發現-2.5至2.5涵括了90%的情況，而-4.0至4.0則包含了95%的情況，所以筆者一直以來也以4.0或以上來定義「高數值」的指數。

圖表4.45 陽盛陰衰指數結果分布

占比（%）

2）集資供股構成錯誤

當一間公司集資供股的時候，當日的成交量會比平常高數十倍，造成一次性高數值的指數。但集資供股只是公司本身的企業財務行為，跟市場的持貨能力沒有直接的關係，而當天股價的升跌將嚴重影響整體對該公司持貨

能力的判斷，所以我通常會忽略這些特殊情況的數據。

3）數字並不是越大越好

直覺來說，好像指數的數值越大，市場的持貨能力便越強，但筆者過往的經驗發現並不是如此，只要數字過了4，已經有顯著的意義。反而當數字過高的時候，例如超過10，該股票可能已經進入了爆發向上的階段。如果已經持有股票當然是好事，但如果還是在觀察階段，可能已經失去了先機。

股價爆發前的篩選

當筆者觀察不同股票進行陽盛陰衰的整理時，其中最難的項目是預計這些股票爆發向上的時間點。但透過不停的事後檢驗，我綜合了兩個陽盛陰衰指數在股價爆發前所出現的異常情況：

1）同業對比，跟市場對比

我們可以透過和同業或市場作比較，尋找隨時爆發的股票。它們的走勢非常獨特，除了跟市場的走勢不同以外，甚至跟同業的走勢也不同，意思是該公司升跌的節奏已經和以前相關的項目開始脫節，卻獨自呈現陽盛陰衰的情況。

2）時間壓縮

筆者發現高數值的正數之間的時間間距，在股價向上爆發前有不停壓縮的情況，例如從一開始每隔一個月出現一次高數值的正數，到後來三星期或

兩星期便出現一次。當壓縮的情況到達盡頭時，相信買方的耐性已經用盡，而不再給予時間讓股價調整製造入貨機會，因此買賣雙方的平衡被打破，發生爆發向上的機會。

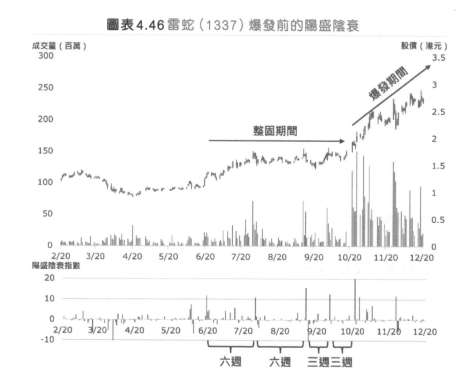

圖表4.46 雷蛇（1337）爆發前的陽盛陰衰

以雷蛇（1337）為例子，從圖表4.46可見，在2020年6月至10月期間，出現了四次高數值的正數，之後隨即出現的負數的數值相對較低，而其他時間只是偏正數的隨機漫步，符合了陽盛陰衰的格局，因此吸引了我的注

意。經過進一步的研究，了解到雷蛇改變了商業策略，放棄了不太成功的電競手機業務，返回最有競爭力的電競設備。由於雷蛇由上市開始，股價一直向下，令很多投資者甚至以為它是「妖股」。在普羅大眾長期沒有信心下，很多長久的沽壓已經消化掉，剩下來的投資者都是對轉型保持希望的，所以從基本面來看也符合「特斯拉閥」順向向上的情況。

值得留意的是，在6月至9月中間，高數值正數的間距是一個半月，而在9月到10月期間則縮減至三個星期，我的判斷是投資者對疫情下的電競設備銷售感到樂觀，大家急着加大投資額，而筆者也在每次調整的時候加注。10月後，隨着銷售的利好消息接踵而來，股價也進入了向上爆發的階段。

股價爆發後的情況

1）爆發初期：陽盛陰衰極端情況

當股票的價格進入了爆發性的階段，買賣的平衡已經被打破了，只有大量的買盤不斷湧進，剛買了股票的投資者不會急着止賺而拋售手頭上的股票，而部署做空的投資者也會暫時迴避，不和趨勢對抗。這時的股票價格會急升，而且一直處於高成交量的狀態；中間的調整通常是短暫的，股價調整的幅度最多是升幅的一半，而成交量雖然比以往大，卻比近期的大成交少。

透過陰盛陽衰指數，我們不難發現正在爆發當中的股票，只要把所有股票的指數由大至細排列，便會發現擁有極高數值的正數的股票已經在爆發階

段。高數值的正數通常會持續一段時間，而中間由於短期調整的緣故，會夾着一個半個低數值的負數。

圖表 4.47 用陽盛陰衰指數尋找爆發中的股票

A	AU	AV	AW	AX	AY	AZ	BA	BB	BC	BD	BE	BF	BG	BH	BI	BJ	BK
股票代碼																	
451 HK Equity		0	0	0	0	2	1	-1	0	0	0	0	1	3	0	9	26
3680 HK Equity	0		0	0	1	-2	0	0	0	0	-2	-2	-1	0	2	1	21
604 HK Equity		0	0	2	0		0	1	0	0	0	0	0	2	0	0	11
856 HK Equity	0	0	2	1	2	2	-1	2	0	0	2	0	-1	-1	4	0	11
1853 HK Equity	0	11	-15	-2	0	0		0	0	0	0	1	0	0	0	0	9
819 HK Equity	0	0	-2	4	1	0	-1	0	1	0	0	0	-1	0	1	4	8
3808 HK Equity	2	-2	-1	0	0	0	0	0	-2	0	0	3		-1	1	3	8
2600 HK Equity		1	0	1	2	11	3	2	0	-1	6	0	1	-1	2	15	7
1343 HK Equity	-1	0	0	0	0	1	-1	0	2	0	-1	0		0	0	0	7
2314 HK Equity		1	0	0	1	1	-2	0	0	-1	1	0	-2	-1	6	4	7
757 HK Equity	0	0	0	0	1	1	0	-1	0	0	0	1	3	0	0	16	6
1357 HK Equity	0	-1	1	2	-1	1	-1	0			-1	0	1	0	0	11	6
1913 HK Equity	0		1	1	0	1	1	4	-1		0	0	0	1	-2	-4	5
6068 HK Equity	5	0	1	2	0	0	1	0	26	0	0	0	1	0	1	0	4
2357 HK Equity	3	0	2	0	0	0	1	0	0	-1	1	0	1	1	0	0	4
743 HK Equity	1	0	1	1	0	0	0	3	-1	0	0	0	0	-1	0	0	4
2342 HK Equity	-1	4	-1	3	0	2	-1	-1	0	-1	0	0	0	0	0		4
3800 HK Equity	0	0	0	0	0	1	2	-1	1		0	0	5	1	1	11	4
1171 HK Equity	-1	0	0	0	0	0	1	3	0	0	0	0	0	0	0	14	3
14 HK Equity		0	4	2			0	8	2		0		1	0	-1	0	3
2798 HK Equity	1	1	0	0	0	0	0	0	-1	0	0	0	0	3	0	1	3
3983 HK Equity	0	0	0	0		0	1	3	0	0	4	1	3	8	-1	0	3
522 HK Equity	-2	0		0	1	0	0	2	1	0	0		0	0	0	0	3
388 HK Equity	1	1	-2	3	0	1	0	-1	-3	0	0	0	0	0	0	1	3
1252 HK Equity	0	0	0	0	1	0	2	-1	1	-1	0	1	0		-1	0	1	3

2）爆發後期：減弱的陽盛陰衰／陽盛陰盛

到了爆發的後期，最普遍的情況是「陽盛陰衰」的情況持續減弱。由於高成交已經變成了常態，所以在高基數的情況下，每一次的高數值都會比上一次低。

比較稀有的情況，是在爆發後出現陽盛陰盛的狀態，表示買方和賣方之間出現很大的角力，由於在這個情況下「特斯拉閥」的假設已經被破壞了，因此後市的情況比較難判斷，我會先行離場，再作觀察。

雖然比較稀有，但京東（9618）在2020年11月中出現了陽盛陰盛的情況。筆者在事前重倉了這間公司，是由於看了美林的報告，當時他們認為京東最近的銷售情況和顧客契合程度甚至比阿里巴巴更理想，因此我對它的業績抱有期望。但在業績前，整個新經濟板塊出現了強勁的洗倉，導致連續兩次大成交跳空向下。所以即使最後的確公佈好業績，股價再次跳空向上，我卻認為這個是沽貨的機會，待公司重整了節奏後才找機會再投資。

圖表4.48 京東（9618）的陽盛陰盛

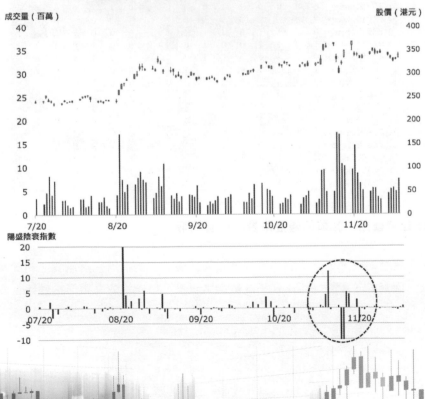

4.5 新股的買入點

傑西．李佛摩曾經提到：「假定有某隻股票剛掛牌兩、三年，最高價曾經來到20美元或其他任何價格，但這個價位是發生在兩三年前。如果該公司發生某些利好事件，股價開始上漲；一般來說，當股價創新高時買進，應該是相當安全的。」

馬克．米奈爾維尼也在《超級績效》裏有提到初選底部（Primary Base）的概念：「掛牌上市之後第一個可供買進的底部 —— 股價經過三個星期或更久的修正已完成底部之後，緊跟着股價可能會創新高，或在新高價附近進行健全的整理。」

對於新上市的股票，他們的股價歷史走勢和財務報表的資料也是有限度的，因此不能用直接使用SEPA®的評等程序把他們篩選出來。但是李佛摩和米奈爾維尼同樣認為新上市的股票，再創新高時是具有投資價值的。基

於以上的文獻，作者提出了疑問：**新上市的公司在香港的股票市場，是否有類似的特性？突破上市高位買入是否一個低風險高回報的交易方法？**

突破高位買入能獲七成勝率

筆者從彭博提取了過往五年所有在港交所新上市公司的數據進行分析，當中提取了他們上市三至六個月後的短期高位，後來再次突破高位的日期（優先選取高成交量的日子），和突破後的股價走勢。由於市值低於50億的公司普遍在上市後缺乏成交或有機會受到不規則的股價波動，筆者認為他們的投資價值比較低，參考性不大，因此把他們排除在外。筆者把「成功挑戰上市高位」定義為突破當日的收市價需要站在上市高位之上，而且當天通常伴隨着非常大的成交量。

在過去的五年內，上市集資金額超過50億的有260間。當中有121間再次挑戰上市高位，佔總數的47%。而成功挑戰上市高位的行業頗為集中，醫療、金融、教育、消費、物管、科技已經佔了74%。

筆者以突破當天的收市價為買入點，計算之後正回報的賠率和發展趨勢。賠率的計算方法是統計買入後的每一個時間點（例如：一日、兩日，如此類推），獲得正回報的數量佔了整體交易量的百分比。

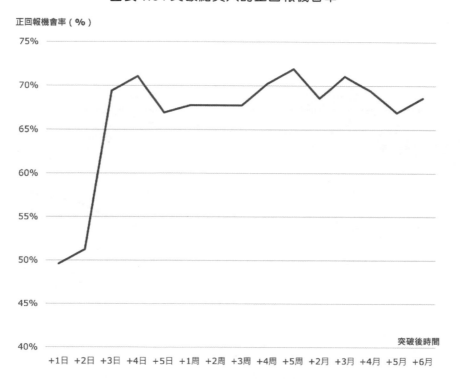

圖表4.51突破點買入的正回報機會率

正回報機會率（%）

突破後時間

+1日 +2日 +3日 +4日 +5日 +1周 +2周 +3周 +4周 +5周 +2月 +3月 +4月 +5月 +6月

從圖表4.51見到，除了頭一兩天的短期不確定性外，在突破點後買入的六個月內獲得正回報的機會率高達70%。這個數值非常令人鼓舞，因為這個賠率的計算是橫跨五年不同種類的市況，而當中其成功的情況與市況的關連度甚低，因此是一個能提升整體回報的低風險高回報策略。

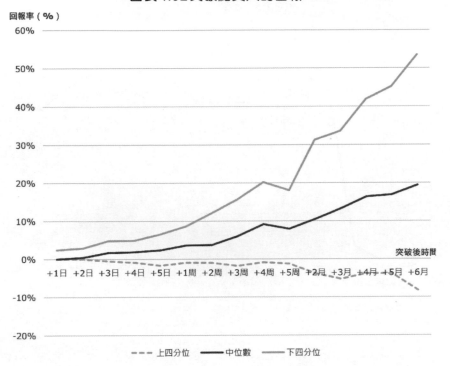

圖表 4.52 突破點買入的回報

回報率（%）

（上四分位 ---- 中位數 —— 下四分位）

突破後時間：+1日 +2日 +3日 +4日 +5日 +1周 +2周 +3周 +4周 +5周 +2月 +3月 +4月 +5月 +6月

更值得留意的是，股價在突破上市高位後，並不是只帶來一次性的短暫升幅，而是繼續處於不停向上的趨勢。圖表 4.52 可見回報的中位數隨着時間持續增加，而當中的上行風險比下行風險要大。

對於突破上市高位後不能獲得正回報的情況，筆者做了更深入的調查後得出以下結論：

1）金融類股份（銀行和證券）不是好的投資對象。 首先，他們不是增長型的股票，突破高位的原因主要來自外來的有利因素，而非企業本身的經營狀況得到改善。第二，他們上市的時間普遍是在大市非常熾熱的時候，而他們突破高位通常是一次性的利好催化劑（例如股票市場成交大升）。

2）挑戰高位失敗並不等於以後沒有機會。 有很多基本因素頗為優秀的股票，在第一次突破高位後不幸回頭，接着在高位持續徘徊一段時間後，在第二或第三次挑戰高位時才真正突破向上。但由於以上的計算方法是以第一次的大成交突破為準，所以沒有把第二或第三次突破的成功計算在內。很多時候，即使一間公司出了很好的業績，市場對該公司的基本因素還是有疑問，因此在突破高位過後再度調整，靜待更多數據支持該公司的基本面，才進行第二次正式突破。

上市後的三個形態

筆者研究了過往五年新上市公司的走勢，大致上分為三個情況：

情況一：由上市開始已經不停創新高，沒有明顯的回調，突破高位時的成交量稍微增大，在頗短的時間來再次製造高位。

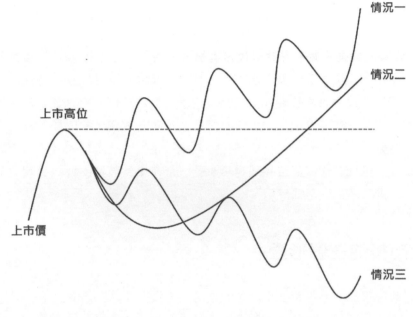

圖表4.53上市後的三個形態

情況一
情況二
上市高位
上市價
情況三

情況二：在上市後三至六個月內製造短期頂部，然後開始回調，在及後的
100至200天內再度挑戰歷史高位。突破高位時，通常配合巨大的成交。

情況三：在上市後三至六個月內製造短期頂部，股價持續下滑，和頂部距
離越來越遠。由於沒有向上突破，所以不是筆者研究的對象。

米奈爾維尼和李佛摩同樣認為新上市的公司在突破頂部後買入是很好的投
資機會，但仔細閱讀他們書中背後的邏輯後，會發現米奈爾維尼是傾向情

況一的描寫，而李佛摩則是傾向情況二。若果只看突破所需的日子，情況一和情況二之間其實沒有很清楚的界線，但通常100天以內突破的都是情況一，重點是他們突破的緣由：跟隨優秀龍頭股（情況一）還是公司基本面改變（情況二）。

情況一通常發生在有優質龍頭股帶領着新上市公司的情況。這些龍頭股的優秀表現，讓市場的投資者和行業內的公司都認為這個行業處於一條好的跑道，將會有估值提升的機會。因此，行業內未上市的公司也會紛紛排隊上市，希望為公司尋找好的估值和增長的機會。而投資者在目擊龍頭股的表現下，會認為新上市的公司是估值較便宜的代替品，所以願意投入資金，期望該公司的股價走勢會如同龍頭一樣的情況。

物業管理行業在碧桂園服務（6098）帶領下，被認定為高增長、高確定性的行業。在2019年至2020年，相繼有大量內房把物業管理分拆出來上市，雖然每間公司的業務有一定程度的分別，但上市前和預期增長率都非常強勁。尤其是雅生活服務（3319）收購中民物業後，股價短時間升了50%，讓市場認為物管行業能透過收購模式持續製造估值提升。這段時間上市的物管普遍都在100天以內突破上市後的第一個高位，拉回幅度都只是在25%以內，而在突破後的六個月內，平均每個月獲得10%的升幅。同樣透過優質龍頭股帶領着新上市公司的情況也發生在2017年的教育股和2020年的醫藥股。

圖表 4.54 物管行業上市高位後的走勢

上市高位=100

━━ 6049	━━ 1995	━━ 9928	━━ 1755	━━ 3319	━━ 9909

情況二發生在需要時間證明投資成敗的新公司。其實很多公司在上市前已經是規模不錯或是正在快速增長的公司，上市集資為他們提供額外的資金去投資和增長。可是，當上市公司集資後，先把資金投放到不同的投資項目，再到後來的收成期，當中可能需時一至兩年，甚至更長的時間。因此，普遍的公司在上市後的三至六個月，會見到股價有偏軟的情況，是由於投資情況的不確定性。

對於新資金的使用情況，可以從股價的走勢判斷市場對該公司的投資是否認可。上市後的第一個高位，通常是市場對公司未來發展所預計的最佳狀況。因此，我們可以把這個高位看成公司有否有效運用新資金的分界線。而成功突破高位，可以被看成市場對該公司發展的認同。

平安好醫生（1833）上市的時候，當時股民對新股非常雀躍，所以平安集團分拆出來的平安好醫生超額認購653倍。但是平安好醫生當時只是一間成立了四年的新公司，還在處於早期建立用戶和流量的少錢階段，和盈利完全談不上關係，因此在上市首日達到$58.7的高位後，很快便跌穿$54.8招股價，亦進入了長達一年的下降趨勢，足足調整了60%。其後，筆者在$32開始買入平安好醫生，因為認為市場已經將「投入大量成本去獲取客戶，盈利沒有明確的時間表」的問題已經反映在股價中。

到了2020年初，公司發生根本性的改變，當時的業績顯示不單客戶數量急速增長，亦開始看到從客戶身上提取盈利的情況，這樣表示公司前期的投資開始收成，而股價已經升回上市的高位，而筆者亦投入下一輪的投資。及後，隨着有更多的利好數據、政府的支持、疫情的影響，平安好醫生在一年半後突破高位，在短短四個月內急升了100%。

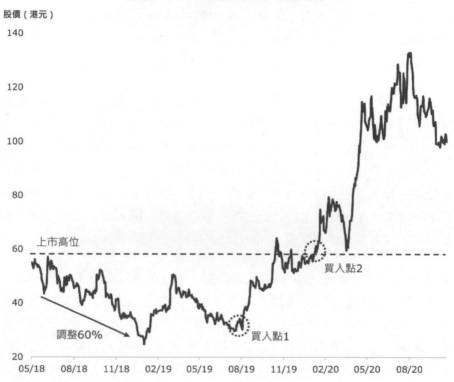

圖表4.55平安好醫生上市後走勢

股價（港元）

上市高位

買入點2

調整60%

買入點1

健康的拉回幅度

米奈爾維尼認為建立初選底部，大多數情況需要3至5星期才形成健全的底部，而價格修正幅度不超過25%至35%；如果修正期間長達一年，健康的價格拉回可以高達50%；而三星期以內的整理，所拉回的不應超過百分之25%。

根據筆者的回測結果，香港市場也得出類似的結論：三至五星期以內所形成的底部，能最後成功突破的回調沒有超過25%；而修正期在一年內的，拉回幅度沒有超過50%。剩下比較極端的修正期和回調幅度的關係可以從圖表4.56看到。

圖表4.56 健全底部可接受的拉回幅度

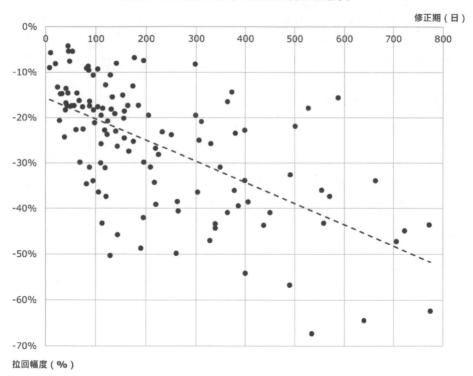

結語

這本書參考了 SEPA® 的分析方法,帶出筆者在投資中港增長股時,主要考慮的各項因素:先了解市場、篩選超級增長股票、深入分析,到最後尋找適合的入市位。

股票市場就像一個活生生的生物,即使它大部份時間也是理性的,但也有感性、不理性的時間。每位投資者也希望透過不同方法看穿它,洞悉它的脈膊,然而,每一次的分析都不會出現一個精準的答案,只能算出一個概率。

不過,隨着投資者考慮得越多和越深入,讓自己的投資框架越成熟,取勝的概率也越高。

我希望可以讀者能透過本書四個篇章的實戰例子和分析方法,認識到如何在網上尋找有用的數據、在 Excel 寫程式,以至分析回測結果,最後建立一套屬於自己的投資框架。在多觀察和互相交流下,即使未至於能「必勝」,但投資者還是有足夠概率能持續盈利。

股票市場變化萬千,筆者作為專業投資者,面對着股價升升跌跌,身邊的人有的大賺、有的大蝕,也與各位一樣感同身受,長期承受着一定程度的壓力。不過,須知道投資畢竟是很一個人的事,每個人在投資路上,有不同的起點、有不同的策略、也有不同的步伐,因此不需要和別人比較,只需要向自己交代。

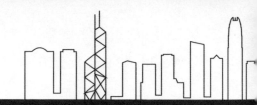

每位成功的投資者的投資方法不一，但他們的共通之處是熱愛投資。當我每一次認真地研究股票時，即使沒有獲得短期收益，但過程中會獲得樂趣，而且現時的每一步，也能為未來鋪路。我衷心希望大家能正面地把投資的壓力看成挑戰或提升自己的驅動力，一起享受投資的樂趣。

Wealth 131

作者	弩飛
出版經理	呂雪玲
責任編輯	梁韻廷
書籍設計	Kathy Pun
相片提供	弩飛、Getty Images
出版	天窗出版社有限公司 Enrich Publishing Ltd.
發行	天窗出版社有限公司 Enrich Publishing Ltd.
	香港九龍觀塘鴻圖道78號17樓A室
電話	(852) 2793 5678
傳真	(852) 2793 5030
網址	www.enrichculture.com
電郵	info@enrichculture.com
出版日期	2021年5月初版
承印	嘉昱有限公司
	九龍新蒲崗大有街26-28號天虹大廈7字樓
紙品供應	興泰行洋紙有限公司
定價	港幣 $228　新台幣 $920
國際書號	978-988-8599-63-9
圖書分類	(1)投資理財 (2)工商管理

支持環保　此書紙張經無氯漂白及以北歐再生林木纖維製造，並採用環保油墨。